I0369801

www.ingramcontent.com/pod-product-compliance
Lightning Source LLC
Chambersburg PA
CBHW071359080526
44587CB00017B/3133
* 9 7 8 1 7 7 8 9 2 0 4 5 5 *

حرف‌های دخترانه

سهیلا اله‌وردیان
تصویرگر: پرشان غفاری

سریال کتاب:P2445150199
عنوان: حرف‌های دخترانه
پدیدآورنده: سهیلا اله‌وردیان
تصویرسازی: پرشان غفاری
شابک: ISBN: 978-1-77892-045-5
موضوع: آموزشی، نوجوانان
مشخصات کتاب: کتاب جلد مقوایی، سایز A5
تعداد صفحات: ۱۱۶
تاریخ نشر در کانادا: ژانویه ۲۰۲۴
انتشارات در کانادا: انتشارات بین‌المللی کیدزوکادو

هرگونه کپی و استفاده غیرقانونی شامل پیگرد قانونی است.
تمامی حقوق چاپ و انتشار در خارج از کشور ایران محفوظ و متعلق به انتشارات می‌باشد.
Copyright @ 2024 by Kidsocado Publishing House
All Rights Reserved

Kidsocado Publishing House
خانه انتشارات کیدزوکادو
ونکوور، کانادا

تلفن: 8654 633 (833) 1+
واتس آپ: 7248 333 (236) 1+
ایمیل: INFO@KIDSOCADO.COM
وب‌سایت انتشارات: HTTPS://KIDSOCADO.COM
وب‌سایت فروشگاه: HTTPS://KPHCLUB.COM

یادداشت نویسنده

از وقتی به یاد دارم همیشه عاشق کتاب بودم حتی وقتی هنوز به مدرسه نمی‌رفتم و نمی‌توانستم بخوانم با عکس‌های کتاب‌هایم قصه می‌ساختم. این مقدمه را گفتم که بگویم چه شد که تصمیم گرفتم این کتاب را برای نوجوانان ایران عزیزم بنویسم. چرا که نزدیک به دو دهه است که از میهنم دور هستم و در کانادا زندگی می‌کنم.

طبیعی است که با این‌همه عشق به کتاب یکی از مکان‌های مورد علاقه من کتابخانه‌های شهر هستند. در میان گشت‌وگذار در میان کتاب‌های مربوط به کودکان و نوجوانان نکته‌ای که توجه من را همیشه به خود جلب می‌کرد وجود کتاب‌های آموزش متعدد با زبان ساده در زمینه‌های خودشناسی، شناخت بدن و اندام‌های جنسی و بالابردن سطح مهارت‌های زندگی برای بهتر زندگی کردن در دنیای پرهیاهوی امروز بود که مخاطب آن‌ها کودکان و به‌خصوص نوجوانان بودند.

از آنجا که در حوزه زبان فارسی تعداد این نوع کتاب‌ها بسیار اندک است و شاید حتی وجود نداشته باشد من تصمیم گرفتم کتاب حرف‌های دخترانه را برای رده سنی نوجوان بنویسم.

نقاشی‌های این کتاب توسط پسرم پرشان که در زمان نوشتن کتاب ده ساله بود کشیده شده و حالا پس از سال‌ها که کتاب به زیر چاپ رفته است دانش‌آموز سال آخر دبیرستان است.

امیدوارم این کتاب بتواند برای بالا رفتن سطح اطلاعات خانواده‌ها و نوجوانان ما قدمی هر چند اندک بردارد و در صورت استقبال مشوق برای ادامه راه شود.

در پایان از پدر و مادر عزیزم سپاسگزارم که از کودکی عشق به کتاب و خواندن را به من آموختند و همواره مشوق من در نوشتن بودند.

سخنی با مادرها و پدرها

در دنیای امروز نوجوانان از طریق اینترنت و شبکه‌های ماهواره‌ای بسیار بیش از گذشته در معرض اطلاعات گوناگون قرار دارند. اطلاعاتی که همیشه هم مفید و متناسب با سن و درک آن‌ها نیست.

مسئله بلوغ؛ تفاوت‌های جنسی؛ سکس و وارد شدن به دنیای بزرگسالی همیشه برای بچه‌ها جذابیت دارد و این جذابیت آن‌ها را به‌سوی کسب اطلاعات در این زمینه می‌کشاند.

این منابع می‌توانند از طریق همسالان و یا فضای مجازی باشند. طبعاً همسالان نمی‌توانند در این زمینه اطلاعات معتبر و قابل اعتمادی را در اختیار نوجوان ما بگذارند. فضای مجازی نیز مانند چاقوی دو لبه هم می‌تواند اطلاعات مفید و هم مطالب نامناسب و بعضاً خطرناک در اختیار نوجوان بگذارد.

همواره همه ما سعی می‌کنیم درباره بسیاری از مسائل روزمره به فرزندانمان آموزش دهیم مثلاً به آن‌ها بیاموزیم چگونه از خیابان عبور کنند؛ چگونه دوچرخه‌سواری یا شنا کنند و بسیاری موارد دیگر؛ پس چگونه است که راجع به مسائلی به این مهمی سکوت می‌کنیم.

صحبت کردن درباره بلوغ و مسائل مرتبط با آن یکی از مهم‌ترین وظایف والدین است و بر عهده همه ماست که اطلاعات درست و دقیق و متناسب با درک آن‌ها را در اختیارشان بگذاریم. ما نباید منتظر باشیم که فرزندانمان برای مطرح کردن سؤالات خود در ارتباط با بلوغ، تغییرات فیزیکی و روانی که در بدنشان در حال شکل‌گیری است به ما رجوع کنند. آن روز شاید هرگز پیش نیاید بخصوص که آن‌ها نمی‌دانند آیا صحبت کردن درباره چنین مسائلی درست هست یا نه.

به‌طور ایده‌آل به‌عنوان والدین آن‌ها بهتر است ما این بحث را آغاز کنیم. صحبت‌ها و پاسخ‌های ما به سؤالات آن‌ها باید مبنای علمی داشته باشد و روشن؛ صادقانه و خالی از ابهام باشد. کودکان در غرب معمولاً اولین آموزش‌ها درباره اندام تناسلی؛ هویت جنسی؛ بلوغ و مسائل مربوط به آن را در مدرسه و از سن ۵ سالگی می‌آموزند. متأسفانه در ایران چنین آموزش‌هایی که به روشنی و صراحت در مورد این مسائل صحبت کند یا وجود ندارد یا بسیار اندک است و کودکان را با سردرگمی و حجم زیادی از سؤالات پاسخ داده نشده روبرو می‌کند. بر ماست که فرزندان را در عبور از این دوره بحرانی و چالش‌برانگیز یاری کنیم تا آن‌ها بتوانند به سلامت از این مرحله عبور کنند.

سؤالی که در اینجا پیش می‌آید این است که چه سنی برای صحبت کردن در این مقوله مناسب است؟

از آنجایی که سن بلوغ در دختران بین ۸-۱۳ سالگی و در پسران بین ۹ - ۱۴ سالگی است بسته به شرایط هر فرد می‌توان آموزش‌ها را در این حدود سنی آغاز کرد. تحقیقات نشان می‌دهد که هر چه آموزش‌ها از سنین پایین‌تر آغاز شود بچه‌ها کمتر در معرض رفتارهای پرخطر جنسی قرار می‌گیرند و هم والدین و هم آن‌ها احساس راحتی بیشتری برای صحبت کردن خواهند داشت.

صحبت‌ها باید در محیطی دوستانه و راحت انجام شود و هر بار بیش از ۱۰ دقیقه به طول نینجامد و این احساس را به فرزندتان بدهد که شما همواره از پاسخ دادن به سؤالات او و در این زمینه خوشحال می‌شوید.

در این کتاب سعی شده به زبان ساده به آنچه که دختران نیاز دارند درباره بدنشان بدانند پرداخته شود و یک تصویر کلی از مفهوم زنانگی ارائه شود. بخش زیادی از این کتاب به مسائل بلوغ؛ آناتومی و فیزیولوژی اندام تناسلی می‌پردازد. پیشنهاد می‌شود این کتاب را همراه با دخترانتان بخوانید. امید است که این کتاب بتواند برای سؤالات آن‌ها پاسخ‌های مناسب و ساده داشته باشد.

یادداشت های دخترانه

مقدمه

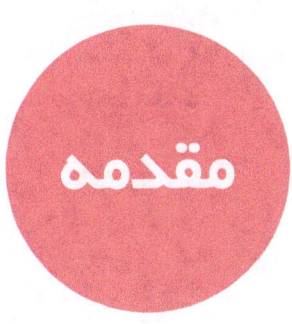

مقدمه

همه ما وقتی کودک هستیم آرزو می‌کنیم زودتر بزرگ شویم؛ حتی در خیلی از بازی‌های کودکانه نقش بزرگ‌ترها را بازی می‌کنیم. اما باید بدانیم سفر به دنیای بزرگسالی با بلوغ شروع می‌شود و مثل هر سفری باید با آمادگی همراه باشد. در طول این سفر خیلی از چیزهای دور و برمان شروع به تغییر می‌کنند: بدنمان؛ احساساتمان؛ خانواده‌مان؛ مدرسه‌مان و حتی دوستانمان.

اگر دوست دارید درباره تغییرات بدن و احساساتتان در بلوغ چیزهای بیشتری بدانید، با ما همسفر شوید و این کتاب را با دقت بخوانید و اگر بعد از خواندن این کتاب اگر هنوز هم برایتان سؤالاتی وجود داشت حتماً برای پیدا کردن پاسخ آنها از بزرگ‌ترهای مطلع و همچنین از کتاب‌های معتبر کمک بگیرید. فصل اول این کتاب به تغییرات بدن در طی بلوغ می‌پردازد و فصل‌های بعدی درباره احساسات و ارتباط با دوستان و جامعه صحبت می‌شود. ممکن است در مورد بعضی از مطالبی که در این کتاب به آنها اشاره شده است خود شما آگاهی داشته باشید ولی فراموش نکنید که قصد ما این است که هم مطالب جدید را به شما بیاموزیم و هم دانسته‌های قبلی را به شما یادآوری کنیم و به آنها نظم و ترتیب بدهیم.

بلوغ

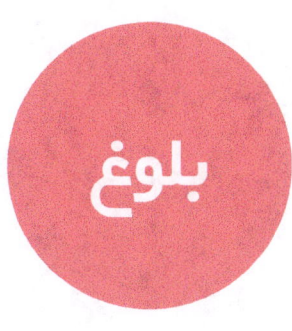

اکثر شما ممکن است موضوعاتی را در مورد بلوغ بدانید؛ اما در صورتی که دراین‌باره چیزی نمی‌دانید یا اطلاعاتتان کافی نیست این کتاب می‌تواند اطلاعات مفید و علمی در اختیار شما بگذارد.

از روزی که متولد می‌شوید در حال رشد هستید و سال به سال بزرگ‌تر می‌شوید؛ قد شما بلندتر و وزنتان سنگین‌تر می‌شود اما رشد ناشی از بلوغ چیزی بیش از رشد قدی و افرایش وزن است.

بلوغ از زمانی آغاز می‌شود که بدن شروع به تغییر می‌کند. این زمان در دختران بین سنین ۱۳ - ۸ سالگی و در پسران ۱۴-۹ است.

در طول بلوغ بدن یک دختر شروع به تبدیل شدن به بدن یک زن می‌کند و این تغییرات یک‌باره و در یک زمان اتفاق نمی‌افتد. مرحله به مرحله پیش می‌رود و ممکن است بین ۲ تا ۵ سال شاید هم بیشتر طول بکشد.

تغییراتی که در این مدت در بدن اتفاق می‌افتند عبارت‌اند از:

- بزرگ شدن سینه‌ها؛
- رویش موهای تناسلی؛
- سریع‌تر شدن روند رشد؛
- تجمع بیشتر چربی در بدن؛
- پهن شدن استخوان لگن؛
- رویش موهای زیر بغل؛
- تیره‌تر شدن موهای دست و پا؛
- فعال شدن غدد عرق؛
- تغییر بوی بدن؛
- پیدایش آکنه و جوش؛
- شروع عادت ماهانه یا پریود و تغییرات در ناحیه تناسلی.

پس می‌بینید که در زمان بلوغ تغییرات بسیار زیادی در بدن شما اتفاق می‌افتد. در این کتاب سعی شده است درباره این تغییرات صحبت شود و به سؤالاتی که در ذهنتان دارید پاسخ داده شود.

بلوغ چگونه شروع می‌شود و اولین علامت آن چیست؟

اینکه بلوغ چطور شروع می‌شود و اولین علامت آن چیست در افراد مختلف، متفاوت است. در بسیاری از دخترها اولین نشانه بلوغ بزرگ‌تر شدن سینه‌هاست. در عده‌ای دیگر بلوغ با رشد موهای ناحیه تناسلی شروع می‌شود و در تعداد کمتری اولین تغییر، رشد موهای زیر بغل است. همه دخترها در یک زمان به بلوغ نمی‌رسند به همین دلیل است که سن بلوغ بین سنین ۸ تا ۱۳ سالگی تعریف شده است و در زمانی اتفاق می‌افتد که بدن کاملاً آماده شده باشد.

> آیا از اینکه در سن بلوغ هستید خوشحال هستید یا اینکه از فکر این همه تغییرات نگرانید و می‌ترسید؟

اگر از این موضوع خوشحال و مغرور هستید سرخود را بالا نگه دارید و از این احساس لذت ببرید. اگر هم نگران و ترسان هستید بدانید که تنها نیستید و بسیاری از دخترهای دیگر هم این احساس را دارند.
ولی موضوعی که مهم است این است که همه ما این راه را خواهیم رفت و از عهده آن هم به‌خوبی بر خواهیم آمد.
خواندن این کتاب همراه مادر؛ پدر؛ دوستان و کسانی‌که به آن‌ها اعتماد دارید به شما کمک می‌کند این مرحله از زندگی‌تان را راحت‌تر و شادتر طی کنید و بدانید که رسیدن به این مرحله به این معنی نیست که یک فرد بزرگسال هستید و باید کاملاً مثل یک بزرگسال رفتار کنید. هنوز برای رسیدن به بزرگ‌سالی راه زیادی در پیش دارید؛ پس همراه با این تغییرات از کودکی‌تان لذت ببرید.

رشد سینه‌ها

رشد سینه‌ها با جوانه‌های پستانی آغاز می‌شود. جوانه‌های پستانی برجستگی‌های کوچکی هستند که زیر نوک پستان ایجاد می‌شوند. یک جوانه پستانی مثل یک دکمه صاف و گرد است و نوک سینه و بافت اطراف آن را که از قفسه سینه برآمده می‌شود؛ می‌سازد. گاهی جوانه پستانی یک سینه زودتر از دیگری رشد می‌کند؛ اگر این اتفاق افتاد نگران نشوید چون بزودی جوانه سینه دیگر نیز شروع به رشد می‌کند. گاهی اوقات این جوانه ها دردناک هستند. این درد نیز کاملاً طبیعی است و جای نگرانی ندارد.
برای بسیاری از دخترها این جوانه‌های پستانی اولین نشانه بلوغ هستند و اغلب بین سنین ۸/۵ تا ۱۱ سالگی ظاهر می‌شوند. اما اگر پیش از ۸ سالگی و یا بعد از ۱۲ سالگی هم به وجود بیایند کاملاً طبیعی است.
هم‌زمان با رشد جوانه‌های پستانی حلقه دور نوک سینه که به آن ماهک یا آرئولا هم می‌گویند بزرگ‌تر و تیره‌تر شده و نوک سینه هم بزرگ‌تر می‌شود.
نوک سینه بسیار حساس و در افراد مختلف؛ متفاوت است در برخی کاملاً برجسته و در برخی فرو رفته می‌باشد.
در اغلب دخترها سه یا چهار سال طول می‌کشد تا جوانه‌های پستانی به سینه زنانه تبدیل شوند.

همه چیز درباره موهای بدن

در طی بلوغ موهای جدیدی در بخش‌های معینی از بدن شروع به رشد می‌کنند. در اینجا در مورد اینکه کجا و چه وقت باید انتظار این موها را داشته باشیم صحبت می‌کنیم.

موهای ناحیه تناسلی

این موها در میان دو پا ظاهر می‌شوند. در ابتدا بسیار کم هستند اما به‌تدریج متراکم‌تر و تیره‌تر می‌شوند.

موهای زیر بغل و پاها

در دوران بلوغ موهای زیر بغل نیز شروع به رشد می‌کنند. در عده‌ای از دخترها این موها حتی پیش از ظهور جوانه‌های پستانی و یا موهای تناسلی ظاهر می‌شوند.

موهای پاها هم پس از بلوغ تغییر می‌کنند و اگر پیش از بلوغ نرم و کمرنگ بودند حالا تیره‌تر و خشن‌تر می‌شوند.

در بعضی از دخترها هم موهایی در ناحیه بالای لب ظاهر می‌شوند که طبیعی هستند. برای برطرف یا روشن کردن این موها می‌توانید محصولات بهداشتی مخصوص را از داروخانه تهیه و استفاده نمایید.

جهش قدی

پس از دوران بلوغ رشد قدی آهسته و کم‌کم متوقف می‌شود. اغلب دخترها در دوران بلوغ حدود ۳۲ سانتیمتر بلندتر می‌شوند. البته که همه مثل هم نیستند و ممکن است بعضی‌ها کمتر و بعضی‌ها بیشتر رشد قدی داشته باشند.

ما از بدو تولد روز بروز رشد می‌کنیم و بزرگ می‌شویم. اما در طی بلوغ این رشد سریع‌تر پیش می‌رود، به طوریکه این دوره منجر به جهش قدی یا طولی می‌شود. اغلب بچه‌ها در طول یکسال حدود ۵ سانتیمتر رشد قدی دارند. اما یک دختر در طول بلوغ ممکن است در یک سال تا حدود ۱۰ سانتیمتر رشد کند.

یعنی در دوران بلوغ سرعت رشد قد ۲ برابر می‌شود.

پسرها هم مثل دخترها در دوران بلوغ این جهش را دارند ولی در دخترها این جهش در اوایل بلوغ و در پسرها حدوداً ۲ سال دیرتر اتفاق می‌افتد. در دخترها حدود ۱۰ سالگی ولی در پسرها اغلب بعد از ۱۲ سالگی روی می‌دهد. به همین دلیل دخترها در سن ۱۱ تا ۱۲ سالگی قد بلندتر از پسرهای هم‌سن خودشان هستند اما پس از ۱۲ سالگی که جهش قدی پسرها آغاز می‌شود پسرها قد بلندتر می‌شوند.

در طی این جهش قدی همه استخوان‌ها رشد می‌کنند اما بعضی از آن‌ها قبل از بقیه شروع به رشد می‌کنند.
حدس بزنید کدام استخوان‌ها اول شروع به رشد می‌کنند؟
اگر گفتید استخوان‌های پا، حدستان درست است. گاهی اوقات لازم می‌شود که در طول یک سال تحصیلی چند جفت کفش بخرید چرا که شماره پای شما بزرگ‌تر و بزرگ‌تر می‌شود. شاید این موضوع برای بعضی از دخترها نگران‌کننده باشد اما جای نگرانی نیست، وقتی سایر نقاط بدن شروع به رشد می‌کنند، رشد سریع پاها کندتر می‌شود و سایز پا با بقیه نقاط بدن هماهنگ می‌شود.

در دوران جهش قدی چون استخوان‌ها سریع‌تر رشد می‌کنند به مقدار زیادی کلسیم نیاز است. کلسیم استخوان‌ها را قوی‌تر می‌کند و بدون آن استخوان‌ها ضعیف می‌شوند و از رشد بازمی‌مانند و در زمان سالخوردگی می‌تواند منجر به بیماری‌های استخوانی شود.

شما می‌توانید مقدار موردنیاز روزانه کلسیم را از طریق مواد غذایی دریافت کنید. مهم‌ترین منابع کلسیم محصولات لبنی مثل شیر، ماست، پنیر و کشک هستند. علاوه بر این‌ها کلم بروکلی، پرتقال، انجیر، لوبیای سفید، بامیه و بادام هم از منابع خوب کلسیم هستند.

علاوه بر مصرف مقدار کافی کلسیم؛ ورزش کردن نیز ضروری است. زیرا ورزش کلسیمی را که از طریق مواد غذایی دریافت می‌کنید وارد استخوان‌هایتان می‌کند. در مورد اهمیت ورزش در جای خود بیشتر صحبت می‌کنیم.

می‌توانید مقدار موردنیاز کلسیم روزانه را از طریق مواد غذایی دریافت کنید.

مهم‌ترین منابع کلسیم محصولات لبنی مثل شیر، ماست، پنیر و کشک هستند.

علاوه بر اینها کلم بروکلی، پرتقال، انجیر، لوبیای سفید، بامیه و بادام هم از منابع خوب کلسیم هستند.

جهش وزنی

همان‌طور که قبلاً گفتیم در دوران بلوغ وزن افزایش پیدا می‌کند و یک لایه چربی زیر پوست اضافه می‌شود. لایه چربی در اطراف لگن و ران‌ها به اندام فرم زنانه می‌دهد. بعلاوه وجود این لایه چربی برای ساخته شدن هورمون‌های زنانه و شروع عادت ماهانه ضروری است. از طرفی استخوان‌ها که بزرگ‌تر می‌شوند سنگین‌تر هم می‌شوند. عضلات هم همین‌طور. سینه‌ها هم رشد می‌کنند و همه این‌ها با هم باعث افزایش وزن می‌شوند. این جهش وزنی هم مثل جهش قدی و هم‌زمان با آن به‌سرعت اتفاق می‌افتد و یک دختر ممکن است در طول یک سال در حدود ۵ کیلوگرم افزایش وزن پیدا کند. در کل در دوران بلوغ ممکن است وزن تا حدود ۱۸ کیلوگرم افزایش یابد. ولی این ارقام ثابت نیستند و از فردی به فرد دیگر تغییر می‌کنند

بعضی از دخترها از این افزایش وزن نگران می‌شوند و فکر می‌کنند در حال چاق شدن هستند اما جای نگرانی نیست و این افزایش وزن کاملاً طبیعی است. شاید به دنبال این نگرانی بعضی از دخترها به فکر رژیم گرفتن بیفتند و بعضی از وعده‌های غذایی را کنار بگذارند یا از رژیم‌های غذایی که این روزها مُد شده و با تبلیغات زیاد ادعا می‌کنند که به‌سرعت وزن را کاهش می‌دهند استفاده کنند.

پیروی از این رژیم‌های غذایی درست نیست و شما را از دریافت مواد غذایی متنوع و ضروری که بدنتان به آن‌ها نیاز دارد، محروم می‌کند.

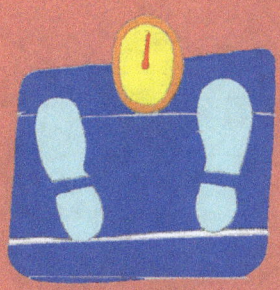

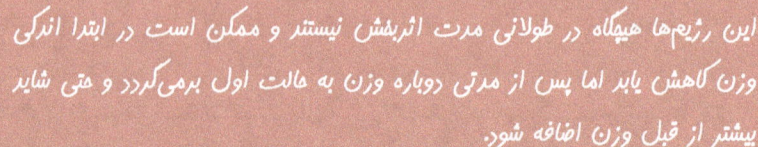

این رژیم‌ها هیچگاه در طولانی مدت اثربخش نیستند و ممکن است در ابتدا اندکی وزن کاهش یابد اما پس از مدتی دوباره وزن به حالت اول برمی‌گردد و حتی شاید بیشتر از قبل وزن اضافه شود.

رژیم گرفتن در سن بلوغ برای سلامتی بسیار مضر است زیرا در دوران بلوغ بیش از هر زمان دیگری نیاز به خوردن غذاهای سالم دارید و در صورت رژیم گرفتن بدن قادر نیست به میزان کافی ویتامین، پروتئین، مواد معدنی و سایر مواد مغذی را دریافت کند.

شما در حال جهش رشدی هستید بنابراین به انرژی بیشتری نیاز دارید و این انرژی از طریق مواد غذایی تأمین می‌شود. اگر به حد کافی غذا مصرف نکنید رشدتان کند و یا حتی متوقف می‌شود.

علاوه بر این کمبود مواد غذایی حضور ذهن و توجه را در مدرسه کاهش می‌دهد و قدرت یادگیری را به دلیل نرسیدن مواد مغذی به مغز مختل می‌کند. بیاد داشته باشید که صبحانه یکی از اصلی‌ترین وعده‌های غذایی است که به هیچ عنوان نباید حذف شود و شما نیاز دارید که روزتان را با خوردن یک وعده صبحانه کامل آغاز کنید تا انرژی لازم را برای حضور در کلاس درس و یا سایر فعالیت‌های روزانه داشته باشید. این یک واقعیت است که کسانیکه صبحانه خوب می‌خورند یادگیری بهتری در مدرسه دارند و هم چنین شانس چاق شدن در آنها کمتر است.

در اینجا ممکن است این سؤال پیش بیاید که پس دخترهایی که وزنشان پیش از بلوغ زیاد بوده و حالا با افزایش وزن ناشی از بلوغ چاق شدند هم نباید رژیم بگیرند و وزنشان را کاهش دهند؟

در پاسخ باید گفت آن‌هایی که چاق هستند و برای سلامتی‌شان تنها زیر نظر پزشک نیاز به کاهش وزن دارند و با رعایت رژیم غذایی که پزشک برای آن‌ها تجویز می‌کند می‌توانند رژیم غذایی بگیرند تا با مصرف مواد غذایی لازم بتوانند قوی و سالم به رشد دوران بلوغ ادامه دهند.

از طرفی این روزها زنان و دختران از طریق تبلیغات روزافزونی که لاغری را یک اصل زیبایی قلمداد می‌کنند تحت فشار هستند و همین فشارها باعث می‌شود که آن‌ها دچار اختلال درغذا خوردن شوند. مثلاً خوردن غذا را متوقف کنند یا بسیار کم غذا بخورند یا اینکه پس از خوردن غذا آنچه را که خوردند استفراغ کنند. به همین دلیل نباید تحت تأثیر این تبلیغات قرار بگیرید و به سلامتی‌تان صدمه بزنید.

غذاهای سالم

هوشمندانه غذا بخورید:

به حد کافی و مورد نیاز غذا بخورید تا به بدنتان انرژی کافی برسانید.

هیچ چیزی را به حد افراط و زیاد نخورید.

سعی کنید همه مواد غذایی مفید را در وعده‌های غذایی‌تان بگنجانید.

هله‌هوله و غذاهایی که مقدار زیادی شکر و روغن دارند مثل چیپس، پفک، بیسکویت و موادی از این دست را کمتر مصرف کنید. این مواد ارزش غذایی ندارند، شما را سیر می‌کنند بدون اینکه مواد مغذی مفید به بدنتان برسانند.

بجای آنها از میوه یا سبزیجاتی مثل هویج یا کرفس به عنوان میان وعده استفاده کنید.

سعی کنید هر روز ۴ وعده از سبزیجات و ۳ وعده از میوه‌جات استفاده کنید. منظور از هر وعده میوه یک میوه متوسط یا نصف فنجان میوه خرد شده است و هر وعده سبزیجات شامل یک فنجان از سبزیجات خام برگی یا نصف فنجان از دیگر سبزیجات است.

مصرف نوشابه‌های گازدار و آب میوه را به حداقل برسانید و مقدار زیادی آب بنوشید. نوشیدن ۴ تا ۸ لیوان آب در روز بسیار ایده‌ال است. شیر کم‌چرب هم بدلیل داشتن پروتئین و کلسیم برای استحکام استخوان‌ها بسیار مفید است.

نان، برنج و ماکارونی علاوه بر اینکه حاوی فیبر و ویتامین هستند، از منابع خوب انرژی برای شما بحساب می آیند. بجای مصرف نان‌هایی که با آرد سفید تهیه شده‌اند از نان‌هایی که با آرد سبوس دار درست شده‌اند، استفاده کنید.

راز بدن سالم هوشمندانه غذا خوردن و ورزش کردن است.

ورزش

همه ما به ورزش کردن احتیاج داریم. ورزش سن و جنس نمی‌شناسد و باید به بخشی از برنامه روزانه همه ما تبدیل شود. ورزش کمک می‌کند وزن مناسب داشته باشید و غذایی که می‌خورید را بجای ذخیره کردن در بافت چربی، بسوزانید و بعنوان منبع انرژی از آن استفاده کنید. ورزش قلب و ریه‌ها را قوی‌تر می‌کند و باعث استحکام استخوان‌ها می‌شود. اعتماد به نفس را بالا می‌برد و خلق و خو را هم بهتر می‌کند.

تحقیقات نشان داده‌اند که بی‌تحرکی علاوه بر اینکه باعث چاقی می‌شود و شانس ابتلا به بیماری‌های قلبی و عروقی را افزایش می‌دهد طول عمر را هم کاهش می‌دهد.

از جایتان بلند شوید و شروع به تحرک و فعالیت بدنی کنید. می‌توانید دوچرخه سواری یا شنا کنید، به تیم‌های ورزشی مدرسه ملحق شوید، مسیر خانه تا مدرسه و بالعکس را اگر مقدور است پیاده روی کنید و بجای استفاده از آسانسور از پله استفاده کنید.

شما روزانه به ۳۰ تا ۶۰ دقیقه فعالیت بدنی نیاز دارید و حداقل سه بار در هفته باید فعالیتی بعنوان ورزش انجام دهید.

نفس عمیق بکشید و با ورزش ضربان قلبتان را بالا ببرید.

فعالیت بدنی و ورزش را بخشی از برنامه روزانه‌تان قرار دهید. دخترانی که در دوران بلوغ ورزش می‌کنند در دوران بزرگسالی هم تمایل به ورزش و فعالیت بدنی دارند و این یعنی عمر طولانی‌تر و زندگی سالمتر و شادتر.

بهداشت

عرق و بوی بدن

بدن در دوران بلوغ بیشتر از قبل عرق می‌کند و این عرق برخلاف دوران قبل از بلوغ بوی بد تولید می‌کند و باعث می‌شود که بدن بد بو شود.

تغییر بوی بدن یکی از مراحل رشد است و عرق کردن امری کاملاً طبیعی است. از طریق عرق کردن بدن خنک می‌شود و در هوای گرم دمای آن تنظیم می‌گردد، پس عرق کردن مانع از بالا رفتن دمای بدن می‌شود. وقتی که ورزش می‌کنید یا در معرض هوای گرم قرار می‌گیرید بدن پیام‌هایی را به غدد عرق می‌رساند و آنها با ترشح عرق مانند دستگاه تهویه هوای بدن را خنک می‌کنند. یکی دیگر از فواید عرق کردن دفع سموم بدن است.

نقاطی مثل زیربغل، کشاله ران و کف پا بیشتر عرق می‌کنند. این نقاط، نقاط مرطوبی هستند که هوا یا نور نمی‌گیرند و از آنجای که میکروب‌ها جاهای مرطوب و تاریک را دوست دارند در این نقاط رشد کرده، از عرق استفاده می‌کنند و تولید بوی بد می‌کنند. پس بوی بد عرق ناشی از فعالیت این میکروب‌هاست.

هیچ‌کس از بوی بد بدن خوشش نمی‌آید به همین دلیل برای پیشگیری از آن باید هر روز یا یک روز در میان دوش گرفت و حمام کرد و لباس‌های تمیز پوشید. معمولاً این دو راه یعنی حمام کردن مرتب و عوض کردن لباس‌ها کافی هستند ولی اگر فکر می‌کنید کافی نیستند می‌توانید از دئودورانت یا اسپری‌های زیر بغل استفاده کنید. لباس‌هایی با جنس کتان نسبت به لباس‌های نایلونی بسیار بهتر هستند و کمتر باعث عرق کردن می‌شوند.

جوش‌های سرسیاه همان چربی‌های گیرافتاده هستند که رنگشان سیاه شده است و گاهی میکروب‌ها هم روی آنها رشد می‌کنند و باعث عفونت می‌شوند که در این صورت آن نقطه قرمز، متورم و دردناک میشود و گاهی به سایر نقاط گسترش پیدا می‌کند.

جوش یا آکنه

در دوران بلوغ پوست چربی بیشتری تولید می‌کند و همین چربی که به‌وسیله غدد چربی پوست ترشح می‌شود اگر در زیر پوست گیر بیفتد جوش ظاهر می‌شود. در روی پوست سوراخ‌های کوچکی وجود دارد که به آن‌ها منافذ پوست گفته می‌شود، این منافذ چربی را از غدد چربی به روی پوست منتقل می‌کنند حالا اگر این منافذ بسته شوند این چربی‌ها زیر پوست گیر می‌افتند و به جوش‌های سر سفید، سر سیاه یا آکنه تبدیل می‌شوند. جوش‌های سر سیاه همان چربی‌های گیر افتاده هستند که رنگشان سیاه شده است و گاهی میکروب‌ها هم روی آن‌ها رشد می‌کنند و باعث عفونت می‌شوند که در این صورت آن نقطه قرمز، متورم و دردناک می‌شود و گاهی به سایر نقاط گسترش پیدا می‌کند.

چطور با جوش‌ها و آکنه رفتار کنیم؟

هرگز جوش‌ها را نباید فشار داد چون ممکن است میکروب‌ها به سایر نقاط پخش شوند. حتی ممکن است جای جوش‌ها از بین نروند و برای همیشه باقی بمانند.

یکی دیگر از کارهایی که باید انجام دهید تمیز نگه داشتن پوست است. باید پوستتان را روزی دو بار یک‌بار صبح و یک‌بار شب قبل از به رختخواب رفتن بشویید. شستشو باید آرام و با

استفاده از یک صابون ملایم و حتی‌الامکان بدون بو باشد و سپس پوست به‌آرامی با حوله خشک شود. به‌هیچ‌عنوان نباید پوست را مالش دهید.
اگر ورزش می‌کنید و یا صورتتان عرق می‌کند شاید نیاز باشد که علاوه بر صبح و شب یک‌بار دیگر هم صورتتان را بشویید.
البته شستشوی زیاد پوست خوب نیست زیرا پوست را خشک می‌کند و این خشکی باعث ترشح چربی از غدد چربی و تولید جوش‌های بیشتر می‌شود.
گاهی برای درمان جوش می‌توانید از محصولاتی که در داروخانه‌ها موجود هستند و نیازی به تجویز پزشک ندارند بامطالعه دقیق بروشور و رعایت دستورالعمل آن‌ها نیز استفاده کنید.
هم‌چنین با مصرف میوه و سبزیجات تازه و اجتناب از خوردن غذاهای چرب و شیرین می‌توانید به طراوت و شادابی پوستتان کمک کنید.

موی چرب

در بعضی از افراد به همان دلیل ترشح بیشتر غدد چربی در دوران بلوغ، ممکن است موهای سر بیشتر از گذشته چرب شوند و به همین دلیل نیاز به شستشو و مراقبت بیشتری داشته باشند.

یادداشت های دخترانه

دستگاه تناسلی خارجی

اندام تناسلی زنانه از یک بخش خارجی به نام ولو یا فرج و یک بخش داخلی به نام واژن یا مهبل تشکیل شده است که هر یک از این دو بخش شامل چند قسمت هستند. بعضی اندام جنسی زنانه را واژن می‌نامند در حالی که واژن قسمت داخلی اندام جنسی زنانه است. ولو شامل قسمت‌های زیر است:

- مونس پوبیس (Mons pubis) که بالاترین قسمت ولو است و توده یا لایه‌ایی از چربی است و روی استخوان پوبیس یا استخوان شرمگاهی را گرفته است. در زنان بالغ این ناحیه از مو پوشیده شده است. در طول بلوغ رشد مو در این ناحیه شروع می‌شود و این ناحیه ضخیم‌تر و برجسته‌تر می‌شود.

- قسمت پایین مونس به دو چین پوستی به نام لب‌های خارجی تقسیم می‌شود که این لب‌ها در دخترهای کوچک نازک هستند و با شروع بلوغ آن‌ها هم شروع به

تغییر می‌کنند و ضخیم‌تر و گردتر می‌شوند و موهایی هم در آنجا شروع به رشد می‌کنند. در داخل این لبه‌ها غدد چربی ریزی وجود دارند.

- در بین لب‌های خارجی؛ لب‌های داخلی هستند که با شروع بلوغ آن‌ها هم بزرگ‌تر می‌شوند و تغییر رنگ می‌دهند. آن‌ها هم دارای غدد چربی هستند. لب‌های خارجی لب‌های داخلی را می‌پوشانند اما در بعضی از افراد لب‌های داخلی از لب‌های خارجی بیرون زده‌اند و در عده‌ای هم ممکن است یکی از لب‌های داخلی از دیگری بزرگ‌تر باشد که همه این موارد کاملاً طبیعی هستند.

- لب‌های داخلی در بالا به هم رسند و یک برجستگی به اسم کلیتوریس را ایجاد می‌کنند. کلیتوریس اعصاب بسیار زیادی دارد و به همین دلیل مانند لب‌های داخلی و خارجی بسیار حساس است و با بلوغ بزرگ‌تر می‌شود.

- لب‌های داخلی از دو سوراخی که در بین آن‌ها وجود دارد محافظت می‌کنند. اولین سوراخ؛ سوراخ ادراری است که از آن ادرار خارج می‌شود.

- دومین سوراخ؛ سوراخ یا منفذ واژینال است که با بلوغ بزرگ‌تر می‌شود و مدخل آن با یک بافت نازک به اسم پرده بکارت یا هایمن (hymen) بسته می‌شود و تنها منفذی دارد برای خروج خون عادت ماهانه.

- قسمت بعدی مقعد یا آنوس است که جایی برای خروج مدفوع می‌باشد. این بخش بسیار نزدیک به دستگاه تناسلی است نه بخشی از آن.

اکنون پس از آشنا شدن با ناحیه تناسلی شاید دوست داشته باشید اندام تناسلی‌تان را ببینید و آن را بهتر کشف کنید. برای این کار به یک آینه نیاز دارید و جایی خلوت و نوری مناسب. ممکن است از اینکه بخواهید این کار را انجام دهید احساس خجالت کنید؛ اما این قسمت‌ها بخش‌های مهمی از بدن شما هستند. بخش‌های خصوصی بدنتان که باید با آن‌ها به‌خوبی آشنا شوید. هیچ فردِ دیگری به جز شما اجازه ندارد آن‌ها را کشف کند.

وقتی آماده شدید یک مکان خصوصی در خانه پیدا کنید. این مکان می‌تواند دستشویی یا حمام باشد. در آنجا راحت بنشینید و با نور کافی و یک آینه دستی میان پاهایتان را بررسی کنید.

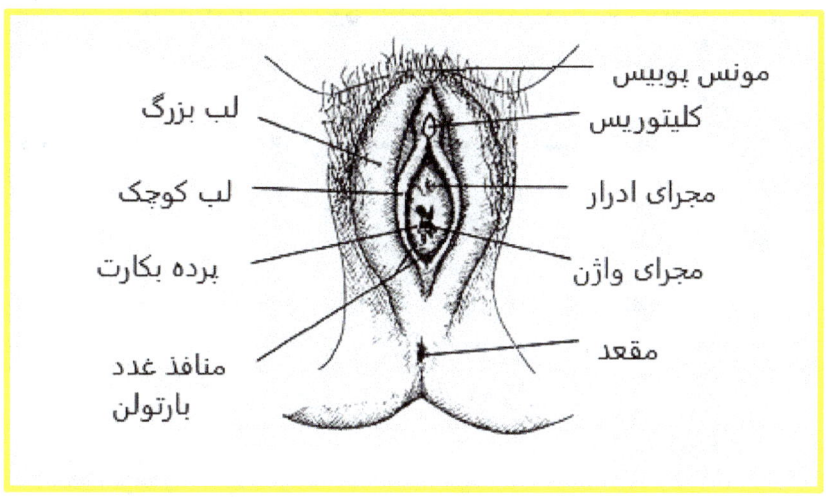

با شروع روند بلوغ گاهی در لباس زیرتان احساس رطوبت می‌کنید. این رطوبت به دلیل ترشح غدد چربی که در لب‌های خارجی و داخلی وجود دارند می‌باشد. این غدد پیش از بلوغ ترشحی نداشتند اما با شروع بلوغ شروع به فعالیت می‌کنند و این احساس رطوبت و بو ناشی از این فعالیت است.

گاهی ممکن است ترشحات به رنگ سفید روشن باشند و وقتی خشک می‌شوند در لباس زیر لکه زردی از خود بجا می‌گذارند. این ترشحات حدوداً یک یا دو سال قبل از شروع عادت ماهانه شروع می‌شوند و کاملاً نرمال و طبیعی هستند.

بهداشت دستگاه تناسلی خارجی

بهترین روش برای تمیز نگه داشتن این ناحیه شستشو مرتب با آب و خشک کردن کامل این ناحیه با استفاده از دستمال است به‌طوری که رطوبتی در آنجا نماند. همان‌طور که قبلاً گفتیم مقعد به ولو بسیار نزدیک است به همین دلیل ممکن است خروج مدفوع باعث ورود میکروب

به منفذ ادراری و منفذ واژن شود. به همین دلیل خشک کردن دستگاه تناسلی پس از شستشو باید از جلو به عقب باشد و از ولو شروع شده و به سمت مقعد برود.

اگر با وجود شستشوی هر روزه هنوز بوی بد استشمام می‌کنید و خارش و قرمزی در این محل دارید ممکن است دچار عفونت واژینال باشید که در این صورت برای درمان باید به پزشک مراجعه کنید.

هیچ‌گاه از خوشبوکننده‌های واژینال استفاده نکنید چون آن‌ها هم می‌توانند باعث عفونت شوند.

دستگاه تناسلی داخلی

مطالبی را که تا اینجا با هم بررسی کردیم مثل رشد قدی و وزنی؛ رشد سینه‌ها و موهای تناسلی و تغییرات اندام تناسلی خارجی همه نکته‌هایی بودند که شما می‌توانستید آن‌ها را ببینید؛ اما در طی بلوغ تغییرات مهم دیگری هم رخ می‌دهد که نمی‌توانید ببینید چون در داخل بدنتان اتفاق می‌افتد.

یکی از آن‌ها عادت ماهانه؛ پریود یا قاعدگی است. در این فصل از اینکه چطور و چرا عادت ماهانه اتفاق می‌افتد صحبت می‌کنیم.

هر عضو یا ارگان بدن مسئولیت و وظیفه‌ای دارد. مثلاً قلب عضوی است که خون را به همه نقاط بدن می‌رساند یا ریه‌ها کمک می‌کنند ما نفس بکشیم. اندام‌های تناسلی هم وظیفه‌شان تولیدمثل است یعنی ما بتوانیم فردی مثل خودمان را به وجود آوریم. حتی یک نوزاد هم اندام تناسلی دارد اما در اندازه کوچک که بعد از سن بلوغ کامل شده و رشد می‌کند و وقتی این اتفاق بیفتد بدن برای تولیدمثل آماده می‌شود.

اندام تناسلی داخلی از قسمت‌های زیر تشکیل شده است:

- دو عدد تخمدان
- لوله‌های رحم
- رحم
- واژن

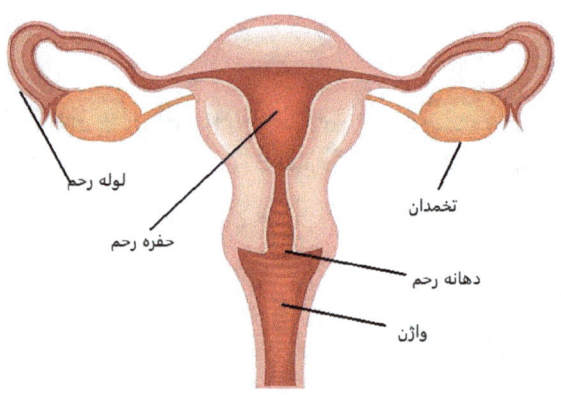

تخمدان‌ها

در بدن خانم‌ها دو عدد تخمدان در هر طرف وجود دارد که بیضی شکل هستند و هر یک از آن‌ها صدها هزار تخمک در درون خود دارند که به آن‌ها تخم هم گفته می‌شود. اگر فکر می‌کنید که آن‌ها مثل تخم‌های مرغ هستند باید بدانید که آن‌ها فقط از یک نظر شبیه هم هستند و آن این است که از یکی جوجه مرغ و از یکی بچه انسان به وجود می‌آید.
این صدها هزار تخمکی که شما با آن‌ها متولد می‌شوید بالغ نیستند و در طول بلوغ رسیده و بالغ می‌شوند. وقتی یک تخمک کاملاً رسیده می‌شود تخمدان را ترک می‌کند که به این عمل تخمک‌گذاری می‌گویند.
دختران اولین بار در طی بلوغ تخمک‌گذاری می‌کنند و بعد هر ماه این اتفاق تکرار می‌شود. مگر اینکه حاملگی اتفاق بیفتد یا اینکه فرد به سن یائسگی یعنی سنین ۴۵ تا ۵۵ برسد.

تخمک‌گذاری در حدود دو هفته قبل از عادت ماهانه اتفاق می‌افتد و معمولاً هرماه یکی از تخمدان‌های راست و چپ تخمک را آزاد می‌کند. بعد از آن این تخمک دیواره تخمدان را پاره می‌کند و از تخمدان خارج می‌شود و به‌وسیله لوله رحم نزدیک خودش گرفته می‌شود و از آنجا وارد رحم می‌شود. سفر از لوله رحم تا خود رحم ۴ روز طول می‌کشد. اگر زنی در این زمان باردار شود یعنی تخمک زن با اسپرم مرد ترکیب شود این تخم رسیده در رحم می‌ماند و از لایه داخل رحم تغذیه می‌کند و در طول ۹ ماه به یک نوزاد تبدیل می‌شود. اگر حاملگی اتفاق نیافتد دیواره رحم خراب می‌شود و تخمک همراه با خون و لایه‌های رحم از بدن خارج می‌شود. و هر ماه این سیکل اتفاق می‌افتد.

رحم

رحم یک ارگان توخالی است که از دو طرف دو عدد لوله رحمی به آن چسبیده‌اند. رحم خیلی بزرگ نیست و در یک زن بالغ به‌اندازه یک گلابی است شبیه یک گلابی برعکس. رحم در طول بلوغ بزرگ‌تر می‌شود. قسمت پایین رحم که شبیه گردن گلابی است دهانه رحم نام دارد که یک تونل داخل آن است که از رحم تا بالای واژن ادامه دارد. واژن، رحم و دهانه آن را به خارج از بدن مرتبط می‌کند. پس رحم، دهانه رحم و واژن به هم مرتبط هستند و از راه این ارتباط است که ما قدم به این دنیا می‌گذاریم.

رحم همان جایی است که بچه قبل از به دنیا آمدن در آن رشد می‌کند و محیطی گرم و امن را برای آن به وجود می‌آورد. همین‌طور که بچه رشد می‌کند، رحم هم بزرگ‌تر می‌شود و بعد از ۹ ماه بچه به‌اندازه‌ای بزرگ می‌شود که باید متولد شود.
تونلی که در دهانه رحم است و قبلاً گفتیم رحم را به واژن مرتبط می‌کند بسیار باریک است، اما در زمان تولد نوزاد این تونل کشیده می‌شود و بسیار بزرگ‌تر از حد نرمال خودش می‌گردد به‌اندازه‌ایی بزرگ که نوزاد می‌تواند از داخل آن عبور کند و مادر با فشارهای زیاد نوزاد را از داخل رحم به میان این تونل هدایت می‌کند و بعد از راه واژن نوزاد متولد می‌شود. سلام، کوچولو!

داخل رحم را لایه مخصوصی پوشانده است که در هفته‌های اول حاملگی نقش بسیار مهمی دارد چون تغذیه جنین در حال رشد را به عهده دارد. قبل از بلوغ این لایه نازک است ولی در طول بلوغ شروع به رشد می‌کند و ضخیم‌تر می‌شود و از نظر مواد غذایی غنی‌تر می‌شود. ممکن است بپرسید آیا این لایه آماده می‌ماند تا زمانی که حاملگی اتفاق بیفتد؟ البته که نه. در زمانی که حاملگی اتفاق نیافتد به این لایه احتیاجی نیست و رحم شروع به خراب کردن آن می‌کند و این خراب کردن و ریختن ماهی یک‌بار اتفاق می‌افتد و بعد از آن دوباره ساخته می‌شود و این کار آن‌قدر ادامه پیدا می‌کند تا زمانی که فرد حامله می‌شود و در حاملگی دیگر این خراب کردن و ریزش اتفاق نمی‌افتد و دوباره چند ماه بعد از به دنیا آمدن بچه خراب کردن و ریزش اتفاق می‌افتد تا اینکه در سن یائسگی کلاً قطع شود.

فرو ریختن دیواره رحم یک‌باره نیست و این اتفاق چند روز طول می‌کشد. ابتدا خونی که به دیواره رحم می‌رسد قطع می‌شود و بعد در طی دو روز دیواره شروع به کنده شدن می‌کند و تکه‌های کنده شده به داخل رحم می‌ریزند و در عمق رحم استخری از خون درست می‌شود. بعد از آن تونلی که در دهانه رحم وجود دارد مقدار کمی باز می‌شود و این خون به داخل واژن جاری می‌شود و از راه سوراخ واژن خارج می‌شود. حالا شما می‌توانید حدس بزنید اسم این اتفاق چیست؟
درسته آن عادت ماهانه یا پریود نام دارد. پس درواقع عادت ماهانه لایه جدا شده دیواره رحم است.
خارج شدن این لایه از بدن چند روز طول می‌کشد معمولاً بین ۳ تا ۵ روز اما در بعضی‌ها ممکن است بین ۲ تا ۹ روز هم طول بکشد. جریان خون عادت ماهانه تنها خون نیست بلکه

شامل مقدار کمی بافت رحم هم هست به همین دلیل ممکن است مقداری غلیظ باشد و این کاملاً طبیعی است.
خون قاعدگی ممکن است قرمز، صورتی یا حتی قهوه‌ایی باشد. مقدار خونی که در تمام مدت پریود دفع می‌شود تنها یک سوم لیوان است. ولی مقدار دفع آن از روزی به روز دیگر فرق می‌کند و اغلب در روزهای اول بیشتر است و سپس کمتر می‌شود تا متوقف گردد. اما همه مثل هم نیستند و حتی در یک فرد هم ممکن است از ماهی به ماه دیگر فرق کند.پ

سیکل قاعدگی

سیکل قاعدگی با اولین روز عادت ماهانه شروع می‌شود و تا اولین روز پریود بعدی ادامه پیدا می‌کند.
مثلاً اگرعادت شما روز ۱ اردیبهشت آغاز می‌شود و روز ۵ اردیبهشت تمام می‌شود و دوباره ۲۹ اردیبهشت عادت بعدی شروع می‌شود یعنی سیکل قاعدگی شما ۲۸ روز است.
این سیکل معمولاً ۲۸ روزه است اما بین ۲۱ تا ۳۵ روز هم طبیعی است. تعداد روزهای پریود هم ممکن است از ماهی به ماه بعد تغییر کند بخصوص در دختران جوان سیکل قاعدگی در ابتدا خیلی مرتب نیست و گاهی حتی ممکن است از یک پریود تا پریود بعدی چند ماه تا حتی یک سال طول بکشد که این حالت هم طبیعی است و ممکن است چند سال طول بکشد تا سیکل قاعدگی یک دختر جوان منظم شود.
گاهی بعضی از دخترها بین سیکل‌های قاعدگی یک لکه خون در لباس زیرشان می‌بینند که این حالت معمولاً در وسط سیکل در زمانی که تخمک دیواره تخمدان را پاره می‌کند اتفاق می‌افتد و کاملاً طبیعی است. ولی اگر مقدار خون بیشتر از لکه بود و بیشتر از ۲ روز طول کشید باید حتماً با پزشک مشورت شود.

در دختران جوان سیکل قاعدگی در ابتدا خیلی مرتب نیست و گاهی حتی ممکن است از یک پریود تا پریود بعدی چند ماه تا حتی یک سال طول بکشد که این حالت هم طبیعی است و ممکن است چند سال طول بکشد تا سیکل قاعدگی یک دختر جوان منظم شود.

اغلب دخترها بین سنین ۱۱ تا ۱۴ سالگی پریود می‌شوند ولی بعضی خیلی زودتر حتی در سن ۸ سالگی یا خیلی دیرتر در سن ۱۶ سالگی . خیلی از دخترها اولین پریودشان را در همان سنی که مادرشان پریود شد ، تجربه می کنند. پس می‌توانید در حول‌وحوش همان سن منتظر باشید. هم‌چنین می‌توانید از تغییراتی که در بدنتان می‌افتد تا حدودی زمان آن را حدس بزنید. مثلاً اگر سینه‌ها شروع به رشد کرده‌اند احتمالاً ۳ تا ۳.۵ سال بعد از ایجاد جوانه‌های پستانی عادت ماهانه اتفاق می‌افتد. اگر موهای تناسلی ظاهر شده‌اند احتمالاً بین ۲.۵ تا ۴.۵ سال بعد از پیدا شدن آن‌ها پریود اتفاق می‌افتد. اگر ترشحات واژینال وجود دارد بین ۶ تا ۱۲ ماه بعد معمولاً پریود آغاز می‌شود ولی گاهی هم تا دو سال طول می‌کشد.

بعضی از دخترها نگران هستند که اولین عادت ماهانه‌شان کجا اتفاق می‌افتد و آیا ممکن است دیگران متوجه شوند؟

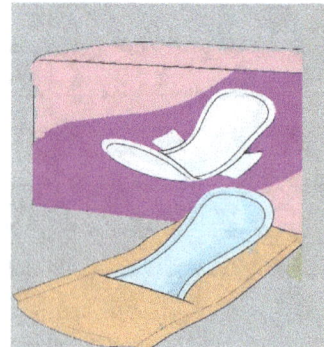

معمولاً اولین پریود بسیار سبک و خون آن فقط در حد چند لکه است و از قرمز روشن تا قهوه‌ایی چسبناک متفاوت است و احساس کردن آن در ابتدا مثل احساس مرطوب شدن لباس زیر است تا احساس بیرون آمدن جریان خون.
اولین پریود بسیار ویژه و خاص است و نشان می‌دهد که شما کم‌کم پا به دنیای بزرگسالی می‌گذارید.

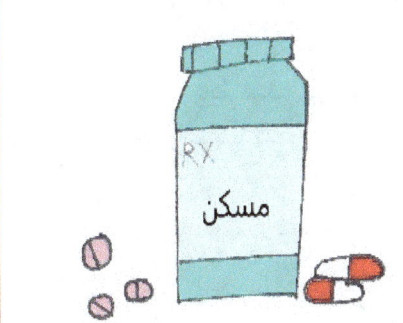

استفاده از مسکن‌های ضعیفی که در داروخانه‌ها موجود است و نیازی به نسخه پزشک ندارند هم می‌توانند درکاهش درد بسیار مفید باشند.

سندرم پیش از قاعدگی

خیلی‌ها پیش از شروع هر عادت ماهانه علائمی دارند که نشان می‌دهد ظرف چند روز آینده پریود می‌شوند. مثل سنگین یا دردناک شدن سینه‌ها، ظهور جوش یا آکنه روی پوست، سر درد، درد شکم یا پشت، تمایل به خوردن غذا بخصوص مواد شور یا شیرین، وزن گرفتن به دلیل جمع شدن آب در بدن، احساس خستگی یا کم شدن تمرکز و افسرده شدن یا تمایل به گریه کردن. به این علائم، سندرم پیش از قاعدگی می‌گویند و ممکن است همه یا برخی از آن‌ها بین ۳ تا ۱۰ روز قبل از پریود ظاهر شوند و بلافاصله با شروع آن از بین بروند. این علائم اغلب بعد از سن ۲۰ سالگی به وجود می‌آیند و بندرت برای دخترانی به سن شما پیش می‌آیند. رژیم غذایی و ورزش می‌توانند در کاهش این علائم مفید باشند. در این دوران باید از خوردن نمک یا شکر زیاد اجتناب کرد و از خوردن کافئین نه تنها در قهوه بلکه در چای یا نوشابه هم دوری کرد و به حد کافی استراحت داشت.

چگونه بچه به وجود می‌آید یا چگونگی تولیدمثل

همان‌طور که قبلاً گفتیم نوزاد دختر با هزاران تخمک و نوزاد پسر با هزاران اسپرم (sperm) متولد می‌شوند. در سن بلوغ هر ماه یک یا چند عدد از این تخمک‌ها تخمدان را ترک می‌کنند. پس اگر در هنگام آزاد شدن این تخمک‌ها نزدیکی جنسی صورت بگیرد و تخمک زنانه با اسپرم مردانه ترکیب شود یک زندگی جدید شکل می‌گیرد. به این صورت که تخمک دیواره تخمدان را پاره می‌کند و از آنجا وارد لوله‌های رحم یا لوله‌های فالوپ (Falopean) می‌شود

و اسپرمی هم که از طریق آلت تناسلی مردانه وارد واژن شده شنا می‌کند و از طریق دهانه رحم خود را به رحم و از آنجا به لوله‌های رحم می‌رساند و با تخمک ترکیب می‌شود و اولین سلول نوزاد که سلول تخم تشکیل می‌شود. اسپرم‌ها شبیه نوزادهای قورباغه هستند و به کمک دمی که دارند می‌توانند شنا کنند و خودشان را به تخمک آزاد شده برسانند.

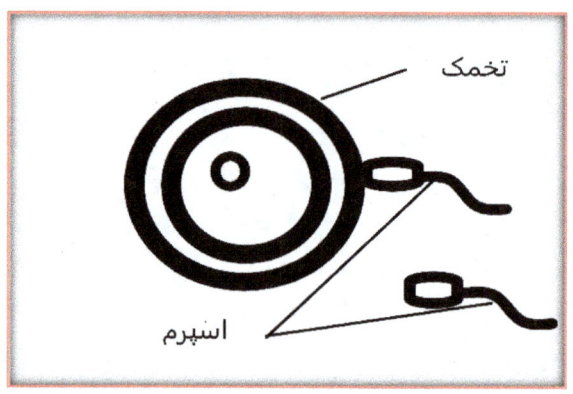

وقتی یک اسپرم با تخمک ترکیب می‌شود اسپرم‌های دیگر نمی‌توانند وارد آن تخمک شوند و این یعنی مسابقه‌ای بین اسپرم‌ها که فقط یک برنده دارد.
تخمک بارور شده یا همان سلول تخم بلافاصله به دو سلول تقسیم می‌شود و این تقسیم بارها و بارها اتفاق می‌افتد و این توده سلولی پس از چند روز از لوله رحم وارد رحم می‌شود و در جداره رحم قرار می‌گیرد که اصطلاحاً به آن لانه گزینی می‌گویند و در این مدت همچنان به تقسیم شدن ادامه می‌دهد و بیلیون‌ها سلول جدید تولید می‌شود.
وقتی عادت ماهانه شروع می‌شود تخمک‌گذاری هم شروع می‌شود و فرد وارد سن باروری می‌شود؛ یعنی قادر به حامله شدن است. ولی بااین‌وجود دخترهایی به سن و سال شما نه از نظر فیزیکی و نه از نظر روانی آمادگی باردار شدن را ندارند گرچه قادر به آن هستند.

خصوصیات ژنتیکی

هرگز از خودتان سؤال کردید که چطور برخی از خصوصیات در خانواده یا از نسلی به نسل دیگر منتقل می‌شود؟ چطور است که فرزندان شبیه مادر و پدرشان می‌شوند؟
هر انسان سالم در مجموع ۴۶ عدد کروموزوم یا ۲۳ جفت کروموزم دارد که ژن‌ها روی این کروموزوم‌ها قرار دارند. به زبان ساده می‌توان کروموزوم‌ها را بسته‌های مواد ژنتیکی نامید. همه ما ۲۳ کروموزوم از اسپرم پدر و ۲۳ کروموزوم از تخمک مادر دریافت می‌کنیم.
باید بدانید که سلول جنسی ماده یا همان تخمک و سلول جنسی نر یا همان اسپرم حاوی مجموعه‌ایی از ژن‌ها هستند که آن‌ها وظیفه انتقال خصوصیات را از نسلی به نسل دیگر بر عهده دارند. پس وقتی تخمک و اسپرم با هم ترکیب می‌شوند مجموعه‌ایی از خصوصیات ظاهری مادر و پدر را به فرزند منتقل می‌کنند مثل رنگ پوست؛ رنگ چشم و......
از این ۲۳ جفت کروموزم؛ ۲۲ جفت کروموزم‌های غیرجنسی هستند که تعیین‌کننده خصوصیات ارثی هستند و یک جفت دیگر کروموزوم‌های جنسی هستند که جنسیت هر فرد را تعیین می‌کنند.

تعیین جنسیت

کروموزم‌های جنسی دو نوع هستند: کروموزوم X و کروموزوم Y که به دلیل شباهتشان به حروف انگلیسی X و Y اینگونه نامگذاری شده‌اند. تخمک‌ها فقط کروموزوم X دارند ولی اسپرم‌ها هم کروموزوم X و هم کروموزوم Y دارند. حالا اگر تخمک با اسپرم دارای کروموزوم X ترکیب شود یعنی X + X نوزاد دختر می‌شود و اگر تخمک با اسپرم دارای کروموزوم Y ترکیب شود یعنی X + Y نوزاد پسر می‌شود. پس می‌بینید که تعیین جنسیت نوزاد با اسپرم یعنی سلول جنسی مرد است.

دو قلوها

اگر یادتان باشد قبلاً گفتیم هر اسپرم تنها وارد یک تخمک می‌شود و آن را بارور می‌کند. حالا اگر ۲ تخمک هم‌زمان از تخمدان آزاد شوند و هر یک از آن‌ها به‌وسیله یک اسپرم بارور شوند دو قلویی به وجود می‌آید ولی این دوقلوها ممکن است اصلاً شبیه هم نباشند و حتی از دو جنس مختلف باشند که به آن‌ها دوقلوهای غیر همسان می‌گویند. ولی اگر تخمک بعد از بارور

شدن با یک اسپرم؛ تقسیم شود باز هم دوقلویی ایجاد می‌شود ولی حاصل آن دو قلوهای یکسان هستند که از یک جنس و کاملاً شبیه هم هستند.
با این وجود وقتی شما متولد می‌شوید یک موجود منحصر به فرد هستید و هیچ‌کس در دنیا شبیه شما نیست. حتی اگر دو قلو هم باشید باز هم هر یک خصوصیات خاص خود را دارید.

آزارهای جنسی

تا اینجا با بدنتان آشنا شدید و یاد گرفتید چگونه باید با تغییرات ناشی از بلوغ برخورد کنید.
یاد گرفتید که بلوغ زمان تغییرات بدن و احساسات شماست و مرحله‌ای از زندگی است که شما کم‌کم از کودکی وارد بزرگ‌سالی می‌شوید.
در پایان این فصل می‌خواهیم در مورد آزارها و سوء استفاده‌های جنسی صحبت کنیم.
آزار جنسی یعنی انجام هرگونه رفتار جنسی ناخواسته به‌وسیله فردی نسبت به فرد دیگر. آزار جنسی یعنی لمس کردن بخش‌های خصوصی بدن یک فرد نظیر بوسیدن، لمس‌کردن و تماس جنسی بدون اجازه.
نقاطی در بدن که بخش‌های خصوصی نامیده می‌شوند عبارت‌اند از: اندام تناسلی خارجی، سینه‌ها، ران‌ها و لب‌ها.
این‌ها نقاطی از بدن هستند که هیچ‌کس بدون اجازه حق ندارد به آن‌ها دست بزند و آن نقاط را لمس بکند مگر در مواقعی که پزشک به دلیل مشکلات سلامتی و بهداشتی نیاز داشته باشد که معاینه انجام دهد.
آزارهای جنسی در همه جای دنیا و در همه فرهنگ‌ها تقبیح شده و عملی بسیار زشت به حساب می‌آید.
آزار جنسی به هر نوعی که باشد تجربه بسیار تلخ و آسیب‌زننده‌ای برای قربانی محسوب می‌شود.

بدن شما تنها و تنها متعلق به شماست و هیچ‌کس حق ندارد بدون اجازه شما آن را لمس کند.

اگر بدن شما به‌وسیله یک فرد به طریقی که درست نیست لمس شد، مهم نیست چه کسی؛ یکی از اعضاء خانواده یا فامیل، یک آشنا، دوست یا غریبه و یا اینکه شما به زور وادار به لمس بخش‌های خصوصی بدن فرد دیگری شدید به‌هیچ‌عنوان آن مسئله را پیش خودتان نگه ندارید و سکوت نکنید. بدانید شما کار اشتباهی نکردید و تقصیری متوجه شما نیست شما نباید با

سکوتتان فرد متجاوز را از مجازات مصون کنید. با بزرگ‌سالی که مورد اعتمادتان است موضوع را درمیان بگذارید و از او کمک بخواهید.

خیلی از اوقات افرادی‌که این آزارها را انجام می‌دهند کسانی هستند که شما و خانواده، آن‌ها را می‌شناسید و خانواده شما به آن‌ها اعتماد دارند به همین دلیل آن افراد از شما می‌خواهند که این مسئله را پیش خودتان به‌صورت یک راز نگه دارید و حتی شما را می‌ترسانند که اگر این موضوع را به خانواده‌تان بگویید آن‌ها حرف شما را باور نمی‌کنند و این شما هستید که مجازات می‌شوید.

پس اگر کسی مورد آزار جنسی قرار می‌گیرد باید بداند:

- قربانی به‌هیچ‌عنوان مقصر و خطاکار نیست و این فرد متجاوز است که خطاکار است و باید مجازات شود.

- آزار جنسی همیشه با خشونت همراه نیست همین‌قدر که بدون رضایت و اجازه انجام شود آزار محسوب می‌شود.

- از آنجایی که آزار جنسی تجربه‌ای بسیار سخت و دردناک است فرد آزار دیده هم از نظر سلامت روانی و هم از نظر جسمی دچار آسیب‌های جدی می‌شود مثلاً دچار شوک، احساس شرم، عصبانیت، افسردگی، ترس و اضطراب، اختلال خواب و دیدن کابوس، سرزنش خود و نوسانات خلقی.

- فرد آسیب‌دیده باید هرچه زودتر هم از نظر روانی و هم از نظر جسمی مورد معاینه دقیق و درمان قرار بگیرد.

امیدوارم این فصل به شما کمک کرده باشد تا خودتان، بدنتان و نیازهایتان را بهتر بشناسید، بدن و احساساتتان را کشف کنید و خودتان را با شرایط ورود به دنیای بزرگ‌سالی وفق دهید. ولی یک کتاب به‌تنهایی نمی‌تواند کافی باشد و شاید بخواهید بیشتر بدانید پس برای یافتن پاسخ سؤالاتتان بیشتر کتاب بخوانید، از مادر، معلم و افراد قابل‌اعتمادتان کمک بگیرید و از سؤال کردن خجالت نکشید.

یادداشت های دخترانه

احساسات

گاهی از اتفاقاتی که دوروبرتان می‌افتد غمگین یا خشمگین می‌شوید؛ شاید در جمع به روی خودتان نیاورید ولی به اتاقتان یا جایی خلوت پناه می‌برید و گریه می‌کنید؛ شاید حتی بخواهید با خانواده یا دوستی مسئله را در میان بگذارید ولی آن‌ها مایل به گوش دادن نباشند یا حتی با صحبت کردن شرایط بدتر شود.

فکر می‌کنید در این صورت باید چه کنید؟

در این فصل سعی می‌کنیم با هم راه‌حلی برای این شرایط پیدا کنیم: وقتی کوچک هستید احساساتتان هم ساده هستند. وقتی خوشحال هستید لبخند می‌زنید؛ وقتی می‌ترسید یا چیزی را دوست ندارید گریه می‌کنید. ولی وقتی بزرگ‌تر می‌شوید احساساتتان پیچیده‌تر می‌شود و عکس‌العمل‌هایتان نسبت به شرایطی که دوست ندارید و آزارتان می‌دهد متفاوت می‌شود و احساساتتان بالا و پایین زیادی پیدا می‌کند. اما اگر یاد بگیرید که چطور آن‌ها را تحت شرایط گوناگون کنترل کنید و در مقابل آن‌ها مسئولیت داشته باشید برخورد با شرایط سخت برایتان آسان‌تر می‌شود.

احساسات چه هستند؟

احساسات عکس‌العمل‌هایی هستند که ما نسبت به اتفاقات و حوادثی که دوروبرمان اتفاق می‌افتند از خود نشان می‌دهیم و ازآنجاکه در طول روز اتفاقات متفاوتی می‌افتد طبیعی است که احساسات ما هم در طول روز تغییر بکنند.
احساسات بسیار متفاوت و متنوع هستند مثل احساس....

هیجان	غرور	خجالت	ترس	افتخار	گناه	خوشحالی
شرمندگی	آزردگی	غم	امیدواری	نگرانی	سردرگمی	گیجی
ناامیدی	اضطراب	همدردی	قدرت‌طلبی	لذت	حسادت	شجاعت
احترام	حماقت	و احساسات دیگر.				

هر یک از این احساسات می‌توانند شدید؛ خفیف و یا چیزی در این میان باشند.
بروز هر یک از این احساسات تحت شرایط گوناگون کاملاً طبیعی است اما عکس‌العمل‌های شدید و بروز احساسات شدید نامتناسب با شرایط؛ دردسرساز و مشکل‌آفرین هستند پس برای برخورد مناسب با آن‌ها نیاز به اطلاعات بیشتری دارید چیزهایی که سعی می‌کنیم تا حدودی در این بخش با هم بیاموزیم.

ارتباط مغز و بدن

مغز و سایر نقاط بدن مثل دوستانی صمیمی هستند و همه چیز را به هم می‌گویند. اگر برای شما یا در اطراف شما اتفاقی بیفتد مغز پیام را می‌گیرد و به بدن شما می‌گوید که چگونه عکس‌العمل نشان دهد. گاهی حتی قبل از اینکه شما متوجه اتفاق شوید مغز آن را دریافت می‌کند (همان وقت‌هایی که احساس دل‌شوره می‌کنید). مغز و بدن مثل یک تیم کار می‌کنند تا بدن شما بتواند با این احساسات کنار بیاید.
درواقع مغز احساسات را دریافت می‌کند و بدن را به رفتار فیزیکی وادار می‌کند مثلاً وقتی احساس شرم می‌کنید سرخ می‌شوید؛ وقتی غمگین می‌شوید گریه می‌کنید. وقتی فشاری را روی خودتان احساس می‌کنید عضلاتتان سفت می‌شود و دندان‌ها را روی هم فشار می‌دهید؛ شانه‌ها آویزان می‌شود و دست‌ها را مشت می‌کنید.

مغز مسئول عکس‌العمل‌هایی است که انجام می‌دهید.

وقتی استرس دارید بدن موادی تولید می‌کند که احساس ضعف و لرزش می‌کنید و دچار دلشوره می‌شوید. وقتی مضطرب و دستپاچه می‌شوید زانوهایتان می‌لرزد و یا بدن عکس‌العمل‌هایی مثل تپش قلب یا عرق کردن از خودش بروز می‌دهد.

وقتی بدن هر یک از این عکس‌العمل‌های فیزیکی را نشان می‌دهد نترسید چون همه آن‌ها طبیعی هستند و این پاسخ‌ها بدن را محافظت می‌کنند.

هنگام ترسیدن قلب شروع به تندتر تپیدن می‌کند و عکس‌العملی به اسم "بجنگ یا فرار کن" از خود بروز می‌دهد. این عکس‌العمل به زمان‌های بسیار دوری که انسان هنوز در غارها زندگی می‌کرده است؛ برمی‌گردد. مثلاً فرض کنید که شما در غاری زندگی می‌کنید ناگهان خرسی در آستانه در غار ظاهر می‌شود که هم گرسنه و هم درنده است؛ بدنتان به‌صورت اتوماتیک عکس‌العملی نشان می‌دهد که یا بتوانید به‌سرعت فرار کنید یا اینکه با او گلاویز شوید و بجنگید. اگر این عکس‌العمل نباشد شما حتماً توسط خرس خورده می‌شوید.

فکر می‌کنید این عکس‌العمل جنگ یا فرار چطور پیش می‌آید؟

در ابتدا بدن خون بیشتری به سمت قلب پمپ می‌کند و احساس تپش قلب می‌کنید؛ عضلات سفت می‌شوند چون پاها باید برای دویدن آماده شوند؛ تنفس در ابتدا کند و سپس برای تأمین اکسیژن بیشتر برای بدن تند می‌شود؛ از طرفی ممکن است عرق کنید برای اینکه بدنتان خنک بماند.

حالا این عکس‌العمل حتی در شرایطی که خطر جدی هم وجود ندارد مثل درس جواب دادن یا شنیدن یک خبر بد هم بروز می‌کند و بدن درست مثل زمانی که قرار است به‌وسیله یک خرس خورده شود خود را آماده می‌کند.

چرا گریه می‌کنیم؟

معمولاً وقتی خیلی ناراحت هستیم گریه می‌کنیم. گریه کردن می‌تواند راهی برای بیان احساساتمان باشد. بسیاری از اوقات بعد از گریه کردن احساس بهتری پیدا می‌کنیم.
دیدن یک فیلم ناراحت‌کننده؛ نگرفتن نمره خوب در یک درس و خیلی چیزهای دیگر می‌تواند باعث جاری شدن اشک‌های ما شود. درواقع گریه کردن یک نشانه ظاهری از یک احساس درونی قوی است؛ نداشتن چیزی که می‌خواستیم یا داشتن چیزی که نمی‌خواستیم. همه آدم‌ها گریه می‌کنند؛ بزرگ‌ترها و حتی پسرها؛ باید بعضی‌اوقات اشک‌ها جاری شوند چون با گریه کردن مواد شیمیایی خاصی در بدن آزاد می‌شود که کمک می‌کند احساس بهتری پیدا کنیم.
پس گریه کردن یک واکنش طبیعی به اتفاقات سخت و دوست‌نداشتنی است. اما بعضی افراد تحت هر شرایطی شروع به گریه کردن می‌کنند و احساساتشان خیلی زود و ساده صدمه می‌بینند و دائماً فکر می‌کنند که دیگران قصد آزار آن‌ها را دارند یا آن‌ها را دوست ندارند.
صادقانه باید گفت گریه کردن نمی‌تواند جای صحبت کردن درباره آنچه که شما را آزار می‌دهد بگیرد یا نمی‌تواند به تغییر شرایط موجود کمک کند. اشک نمی‌تواند جایگزین کلمات شود پس اگر می‌خواهید دیگران احساساتتان را بفهمند و درک کنند نفس عمیق بکشید و شروع به صحبت کردن بکنید.

احساسات خارج از کنترل

بعضی‌اوقات حتی قبل از اینکه بدانید چه اتفاقی افتاده است احساس عصبانیت یا نگرانی می‌کنید و آن وقتی است که بدن شما به مغز و هورمون‌هایتان واکنش نشان می‌دهد. انگار که نمی‌توانید احساساتتان را کنترل کنید. پس علت بروز احساسات؛ واکنش‌های آنی ناشی از پیام‌های مغز و تأثیر هورمون‌ها است.

جسم بادامی یا آمیگدال (Amygdala) قسمتی کوچکی از مغز است که دانشمندان فکر می‌کنند مسئول احساسات است و از دو قسمت کوچک بادامی شکل درست شده است که سلول‌های آن به‌صورت خودکار به شرایطی که مغز فکر می‌کند خنده‌دار؛ غمگین یا .... هستند واکنش نشان می‌دهد. مثلاً وقتی می‌خندید یا از شدت هیجان فریاد می‌کشید آمیگدال به‌سختی مشغول کار است.

غده هیپوفیز هم یک غده کوچک به‌اندازه یک نخود است که در مغز قرار دارد و هورمون ترشح می‌کند. بعضی از هورمون‌های هیپوفیز باعث رشد می‌شوند و بعضی از آن‌ها مسئول تغییرات دخترانه مثل شروع عادت ماهانه هستند.

وقتی بدن شما در طی دوران بلوغ تغییر می‌کند این هورمون‌ها روی احساساتتان تأثیر می‌گذارند. در سندرم پیش قاعدگی که مجموعه‌ایی از علائم احساسی و فیزیکی در چند روز پیش از آغاز عادت ماهانه است و بعضی از دختران و زنان آن را تجربه می‌کنند این تغییرات هورمونی هستند که باعث احساس خستگی؛ حساس شدن و تمایل به گریه کردن؛ سردرد؛ کمردرد یا سینه‌های دردناک می‌شوند. این علائم معمولاً پس از روز دوم عادت ماهانه از بین می‌روند.

با این احساسات چه باید بکنیم و با آن‌ها چگونه رفتار کنیم؟

حتماً خوشحال می‌شوید اگر بدانید که آمیگدال و هورمون‌ها به دلخواه خودشان نمی‌توانند رفتار کنند و شما می‌توانید کارهای زیادی انجام دهید تا بیشتر بتوانید روی احساساتتان کنترل داشته باشید.

قسمتی در مغز وجود دارد که به آن مخ (cerebrum) می‌گویند؛ این قسمت با آمیگدال کار می‌کند تا به شما کمک کند بتوانید احساساتتان را مدیریت کنید. درواقع مخ قسمت متفکر مغز شماست و وقتی آمیگدال زنگ را به صدا درمی‌آورد مخ به شما کمک می‌کند که تصمیم بگیرید چگونه رفتار کنید. با تمرین می‌توانید به آرامش و تمرکز برسید.

تمرین‌هایی برای حفظ آرامش

تا سه بشمارید: وقتی دچار اضطراب می‌شوید یک نفس عمیق و آهسته از راه بینی بکشید و در این حالت یعنی وقتی هوا را داخل می‌دهید(دم) تا سه بشمارید؛ نفستان را تا سه شماره نگه دارید و سپس به آهستگی آن را بیرون دهید و دوباره تا سه بشمارید. این تمرین را سه بار پشت هم انجام دهید؛ بعد از آن متوجه می‌شوید که چقدر آرم‌تر شده‌اید.

انعطاف‌پذیری: وقتی از چیزی ناراحت می‌شوید ممکن است عضلاتتان سفت شوند. برای برطرف کردن این حالت با عضلات پاهایتان شروع کنید و بعد عضلات پشت؛ بازوها؛ دست‌ها؛ شانه‌ها؛ گردن و صورت هر یک از این عضلات را سفت کرده تا ده بشمارید و بعد آن را شل کنید.

استفاده از تخیل: چشم‌هایتان را ببندید و یک مکان آرام و دوست‌داشتنی را تصور کنید؛ فکر کنید آنجا هستید و همه چیزهایی که آنجا می‌توانید ببینید؛ بشنوید یا بو کنید را تجسم کنید.

خندیدن: بعضی اوقات خندیدن بهترین داروست. خندیدن به مغز کمک می‌کند تا مواد شیمیایی خاصی که درد را از بین می‌برند و به انسان حس خوبی می‌دهند؛ بسازد. بنابراین چیزی برای خندیدن پیدا کنید مثلاً یک فیلم یا کتاب خنده‌دار.

موسیقی می‌تواند بسته به ریتم و اشعارش به شما آرامش ببخشد. پس موزیکی را برای گوش دادن انتخاب کنید که شما را آرام کند و ذهنتان را از مسئله و مشکلی که برایتان پیش‌آمده دور و منحرف کند.

ورزش کنید: ورزش کردن نه تنها باعث استحکام استخوان‌ها و عضلات می‌شود بلکه به یادگیری هم کمک می‌کند. از طرفی پیاده‌روی؛ دویدن یا انجام ورزش‌های سنگین‌تر باعث آزاد شدن موادی در بدن می‌شود که به داشتن احساس بهتر کمک می‌کند.

گوش دادن به موسیقی: موسیقی می‌تواند بسته به ریتم و اشعارش به شما آرامش ببخشد. پس موسیقی را برای گوش دادن انتخاب کنید که شما را آرام کند و ذهنتان را از مسئله و مشکلی که برایتان پیش آمده دور و منحرف کند.

موسیقی می‌تواند بسته به ریتم و اشعارش به شما آرامش ببخشد. پس موزیکی را برای گوش دادن انتخاب کنید که شما را آرام کند و ذهنتان را از مسئله و مشکلی که برایتان پیش‌آمده دور و منحرف کند.

درست و به موقع غذا بخورید: بعضی از افراد وقتی مشکلی دارند و یا عصبانی هستند خوب غذا نمی‌خورند. اما باید بدانید که مغز برای اینکه بتواند کارش را درست انجام دهد و به شما در حل مشکل کمک کند نیاز به انرژی دارد و این انرژی تنها از طریق مواد غذایی تأمین می‌شود.

بعضی از افراد هم برعکس هستند و در این مواقع شروع به پرخوری می‌کنند و نه تنها نمی‌توانند مشکلشان را حل کنند بلکه دچار مشکل دیگری مثل چاقی هم می‌شوند.

صحبت کردن: راجع به احساسی که دارید با مادر و پدرتان و یا یک دوست صحبت کنید؛ صحبت کردن احساس بهتری به شما می‌دهد و ممکن است دیگران برای مشکلتان راه‌حلی داشته باشند.

نشستن و با کسی صحبت کردن: کسی که به احساستان اهمیت بدهد و بتواند در حل مشکلات به شما کمک کند می‌تواند از احساس تنهایتان بکاهد و حس بهتری به شما بدهد. ممکن است مادر؛ پدر ؛ خاله؛ دوست و یا حتی مادر دوستتان را برای حرف زدن انتخاب کنید. اما اگر صحبت کردن با خانواده یا دوستان نتواند احساس بهتری به شما بدهد و شما را در حل

مشکلتان کمک کند احتمالاً زمان آن است که از یک درمانگر کمک بگیرید. مشاوران؛ روان‌پزشکان یا روانشناسان با شما درباره احساساتتان صحبت می‌کنند و کمک می‌کنند که مشکل را حل کنید. آن‌ها اغلب نیاز دارند که هم با شما و هم با مادر و پدرتان صحبت کنند و شما را در مقابله با تجربیات سخت کمک کنند. روانپزشک کسی است که اغلب از دارو برای درمان مشکلات روحی و روانی استفاده می‌کند و روانشناس کسی است که به شما می‌آموزد چگونه افکار و رفتارهایتان را تغییر دهید. پس بسیار عاقلانه است زمانی که اطرافیان نمی‌توانند شما را در حل مشکلاتتان یاری کنند با مراجعه به درمانگران در تغییر رفتار و شیوه نگرش به زندگی از آن‌ها کمک بگیرید.

> **نکته:** برای صحبت کردن و فکر کردن به احساساتتان پیش از به رختخواب رفتن وقت بگذارید و آن‌ها را با خود به رختخواب نبرید. سعی کنید پیش از به پایان رسیدن روز مسائل احساسی را حل کنید.

خوب خوابیدن: بدن برای طبقه‌بندی آنچه که در طول روز یاد گرفته است نیاز به خواب کافی دارد. خواب و هم چنین چرت نیمروز مواد شیمیایی را که مغز به آن‌ها نیاز دارد جابجا می‌کند. یک فرد ۹ساله در طول شب به ۱۰ساعت خواب و یک نوجوان ۱۳ ساله حدوداً به ۹ ساعت خواب نیاز دارد. اگر به حد کافی نخوابید در طول روز احساس خستگی می‌کنید؛ این خستگی هم قدرت یادگیری و تمرکز حواستان را کاهش می‌دهد هم اینکه باعث می‌شود نسبت به همه چیز حساس‌تر شوید.

راه‌های رهایی از احساسات آزاردهنده

وقتی احساس غم و ناراحتی می‌کنید ممکن است تصور کنید اگر همه چیز را نادیده بگیرید بالاخره خودش درست می‌شود؛ ولی یک دختر باهوش باید بداند که این راه حل درستی نیست و باید با مشکلاتی که باعث اضطراب و غصه می‌شوند درست برخورد شود. دراز کشیدن روی تخت و در را بروی دنیا بستن راه درستی نیست. نگه‌داشتن احساسات بخصوص احساسات منفی همه چیز را بدتر می‌کند حتی باعث می‌شود کارهای ساده ایی مثل ورزش کردن؛ معاشرت کردن و خیلی رفتارهای دیگر به نظر کارهای بسیار سختی بیایند. همچنین داشتن استرس شانس ابتلا به بیماری‌های مختلف را بالا می‌برد.

درگیر شدن ذهن با مسائلی که آزاردهنده هستند ممکن است حتی قدرت تصمیم‌گیری را برای کارهای روزمره و بسیار ساده دچار اشکال کند. ممکن است از دست کسانی‌که قصد کمک به شما را دارند ناراحت و عصبانی شوید. اما خبر خوب این است که می‌توانید از این احساسات منفی و اضطراب رهایی پیدا کنید و کارهای روزمره‌تان را مثل گذشته از سر بگیرید. وقتی احساسات قابل‌کنترل نباشند قطعاً فکر کردن سخت است اما بهترین راه این است که به خودتان

فرصت دهید تا عمیق‌تر به احساساتتان فکر کنید. طبیعی است که خیلی وقت‌ها نتوانید به‌سرعت کنترل احساساتتان را در دست بگیرید و برای برخورد با آن‌ها نیاز به زمان بیشتری داشته باشید. در این مواقع این احساسات به اصطلاح وارد کوله‌پشتی می‌شوند و آنجا می‌مانند بخصوص اینکه اگر ذهن درگیر چیز دیگری شود؛ فراموش می‌شوند ولی همچنان وجود دارند و اگر این اتفاق بارها و بارها بیافتد و احساسات نادیده گرفته شوند به‌تدریج این کوله‌پشتی پر می‌شود و سلامتی به خطر می‌افتد.

احساساتی که در کوله‌پشتی جمع می‌شوند و آن را سنگین می‌کنند گاهی معلوم نیست که چه چیزهایی هستند. باید داخل آن را بگردید و بیشترین احساسی را که فکر می‌کنید در آن انباشته‌شده است بیرون بکشید. از خودتان بپرسید که آیا فقط همین احساس است یا انواع دیگری از احساسات هم در آن هستند. برای اینکه وقتتان را تلف نکنید تا بخواهید بفهمید واقعاً درون آن چیست و برای اینکه گرفتار عصبانیت نشوید می‌توانید از روش‌های زیر استفاده کنید:

نوشتن یادداشت‌های روزانه: سعی کنید افکار و احساساتتان را در پایان هر روز بنویسید این کار کمک می‌کند احساساتتان را بهتر بشناسید و بتوانید مشکلاتتان را حل کنید.

نوشتن جملاتی با جای خالی: جملاتی با جای خالی بنویسید و سعی کنید رابطه‌ایی بین احساسات و آنچه که اتفاق افتاده است پیدا کنید. مثلاً:

من.......... شدم .... اتفاق افتاد. (نوع احساس ..... نوع واقعه)

من مضطرب شدم وقتی معلم جواب امتحان را می‌داد.

صحبت کردن با کسی: صحبت کردن با فردی قابل‌اعتماد می‌تواند احساستان را بهتر کند و در پیدا کردن راه‌حل به شما کمک کند. صحبت کردن درباره احساسات همیشه راحت نیست و ممکن است احساس خجالت و یا نگرانی کنید. برای صحبت کردن با کسی بهتر است زمانی

را پیدا کنید که آن فرد فارغ از انجام کار دیگری باشد و بتواند تمام حواس و توجه‌اش را به شما بدهد. می‌توانید صحبتتان را با این جملات شروع کنید:

" می‌توانم با شما راجع به احساسی که اخیراً داشتم صحبت کنم؟"

" امروز برای من اتفاقی افتاد که می‌خواهم بدانم می‌توانم با شما درباره آن صحبت کنم؟"

درست کردن یک لیست: وقتی کسی حرفی می‌زند یا کاری می‌کند که ناراحت می‌شوید سعی کنید فهرستی درست کنید از دلایلی که باعث شده آن فرد کاری را بکند یا حرفی را بزند که باعث ناراحتی شما شده است.

ممکن است او نمی‌دانسته که باعث ناراحتی شما شده است.

ممکن است او خودش ناراحت بوده و این رفتار ربطی به شما نداشته است.

و خیلی موارد دیگر.

درست کردن این لیست شما را از قضاوت عجولانه در مورد رفتار دیگران دور می‌کند.

سؤال کردن درباره اینکه دیگران چگونه احساساتشان را هدایت می‌کنند:

می‌توانید از دوستان و یا کسانی‌که برایتان قابل اعتماد هستند بپرسید که در صورت برخورد با مواردی مشابه چگونه رفتار می‌کنند.

صداهای درون

آیا تابه‌حال به چیزهایی که افکارتان می‌گویند فکر کرده‌اید. گاهی وقت‌ها آن‌ها حرف‌هایی که درباره شما و یا اتفاقات دوروبرتان می‌گویند. بعضی از آن‌ها درست و بعضی غلط هستند. اینکه یاد بگیرید صداهای درون سرتان را تعلیم دهید تا حس قدرت و اعتمادبه‌نفس به شما بدهند بسیار کمک کننده است.

وقتی خوشحال؛ هیجان‌زده و یا پر از احساسات مثبت هستید صداها و افکاری که درون سرتان می‌شنوید مثبت هستند.

وقتی احساس خوبی دارید صداهای درونتان چیزهایی را که دوست دارید به شما یادآوری می‌کنند و احساس اعتمادبه‌نفس و اطمینان به شما می‌دهند و به کارهای جدید تشویقتان می‌کنند.

وقتی ناراحت و ناامید هستید افکارتان خارج از کنترل هستند و فکرهای منفی به سراغتان می‌آیند و ترس‌ها بزرگ‌تر می‌شوند.

این افکار منفی روی رفتارتان اثر می‌گذارد و رفتار شما روی عکس‌العمل اطرافیانتان و عکس‌العمل آن‌ها روی احساس شما اثر می‌گذارد و احساستان روی افکارتان. این مسیر به شکل دایره ادامه پیدا می‌کند و متقاعدتان می‌کند که فکر غلطتان درست بوده است. اما با تمرین و تعلیم افکار یاد می‌گیرید که افکار غلط بزرگ‌ترین دشمن ما هستند.

چگونه افکار منفی را تغییر دهیم

راه‌های ساده زیر می‌توانند افکار منفی را تغییر دهند:

متوقف کردن آن‌ها: به‌محض اینکه افکار منفی به مغزتان هجوم می‌آورند با کارهای ساده زیر می‌توانید دکمه خاموش را فشار دهید مثلاً دست بزنید؛ یکی از انگشتانتان را فشار دهید یا حتی با صدای بلند بگویید " بس" و بعد برای اینکه حواستان را پرت کنید به یک کار دیگر بپردازید مثلاً به یک موسیقی شاد گوش کنید؛ با کسی صحبت کنید یا کتاب بخوانید.

جایگزین کردن آن‌ها: سعی کنید بجای پرداختن به آن‌ها دلایل مثبت برای اتفاقی که باعث ناراحتی شما و هجوم افکار منفی به سرتان شده است را پیدا کنید. مثلاً اگر دوستانتان بدون شما بیرون رفتند و این موضوع باعث شده که فکر کنید آن‌ها دوستتان ندارند به این فکر کنید که شاید فرصت اینکه شما را هم خبر کنند پیدا نکردند یا اینکه آن‌ها هم حق دارند بعضی‌اوقات بدون شما بیرون بروند.

بررسی کردن آن‌ها: اگر یک فکر منفی همچنان آزارتان می‌دهد باید اول سر در بیاورید که آیا ریشه این افکار اصلاً درست است یا نه. شاید آن فکر یک برداشت غلط یا یک سوءتفاهم باشد که با بررسی بیشتر از بین می‌رود. باید بدانید که شما تنها کسی نیستید که دچار افکار منفی می‌شوید بلکه همه آدم‌ها زمان‌هایی دچار این افکار می‌شوند این بسیار مهم است که نگذاریم این افکار آسمان ذهنتان را تاریک و ابری کنند. شما می‌توانید با راه‌هایی که قبلاً درباره‌شان صحبت کردیم ابرها را کنار بزنید و با ذهنی روشن و تابناک به پیش بروید.

چگونه به خودم کمک کنم

در این فصل می‌خواهیم درباره برخی از باورهای غلطی که هر فردی ممکن است در مورد خود داشته باشد صحبت کنیم. باورهایی که مانع از پیشرفت می‌شوند و اعتمادبه‌نفس را پایین می‌آورند و در نهایت یاد بگیریم چگونه با آن‌ها مقابله کنیم و خودباوری مثبت را در خودمان تقویت کنیم.

من ترسو هستم

هر زمانی که صدایی در سرتان می‌گوید: "نمی‌توانی" با خود بگویید: "من می‌توانم". حتی اگر بار اول موفق نشدید؛ سخت‌تر کوشش کنید. با خودتان بگویید من انسان هستم و هیچ انسانی بی‌عیب نیست؛ حق اشتباه را برای خودتان محفوظ نگه دارید؛ از اشتباهات است که می‌توانید یاد بگیرید. با خودتان بگویید من قبل از اینکه از انجام کاری بترسم سعی خودم را می‌کنم تا آن را انجام دهم ولی اگر نتوانستم هنوز هم اطرافیانم من را دوست دارند.

هر وقت به یک ترس غلبه می‌کنید و برای انجام کاری که از آن می‌ترسیدید سعی می‌کنید مثل این است که از پله یک نردبان بالا رفته‌اید و یک قدم به هدفتان نزدیک‌تر شده‌اید.

من حسود هستم

گاهی اوقات وقتی دیگران بیشتر از شما مورد توجه می‌گیرند و یا به موفقیتی می‌رسند شاید احساس حسادت کنید و به کسی تبدیل شوید که حتی خودتان هم دیگر خودتان را نمی‌شناسید. مثلاً فکر کنید به دوستتان که در یک رشته ورزشی از شما بهتر است حسادت می‌کنید و نمی‌خواهید او از شما بهتر باشد. وقتی او بهتر از شما در مسابقات ظاهر می‌شود سعی کنید با لبخند به او تبریک بگویید. اگر نمی‌توانید بر حسادت خود غلبه کنید شاید لازم باشد به‌طور جدی با خودتان صحبت کنید. باید به خودتان یادآوری کنید که شما انسان با ارزشی هستید حتی اگر نتوانید به جایگاه دوستتان در آن رشته ورزشی برسید ولی قابلیت‌های دیگری دارید که می‌توانید روی آن‌ها کار کنید. هیچ‌کس کامل نیست و هر کس قابلیتی دارد؛ همه مثل هم نیستند. هدفی برای خودتان معین کنید و برای رسیدن به آن نه فقط برای قابل قبول یا مورد تأیید واقع شدن دیگران بلکه برای بالا بردن مهارت‌هایتان تلاش کنید.

من عصبانی هستم:

همه آدم‌ها گاهی عصبانی می‌شوند اما مهم این است که چگونه باید در هنگام عصبانیت رفتار کنیم. وقتی به نظر می‌رسد اطرافیان ما نمی‌توانند ما را درک کنند بسیار سخت است. اینجاست که ما باید قدم اول را برداریم و سعی کنیم با آن‌ها صحبت کنیم. اما چگونه صحبت کردن بسیار مهم است اگر انگشت اتهام را به‌سوی دیگران بگیریم مثلاً علت عصبانیت را به گردن آن‌ها بیندازیم قطعاً جواب مناسبی نمی‌گیریم؛ اما اگر بجای این کار راجع به احساساتمان صحبت کنیم اطرافیان مایل می‌شوند به حرف ما گوش بدهند و راه‌حلی پیدا کنند.

اگر شما از آن دسته افرادی هستید که وقتی عصبانی می‌شوند منفجر می‌شوند و از کوره در می‌روند باید ابتدا علامت‌های نقطه جوش آوردنتان را تشخیص دهید.

مثلاً: آیا صورتتان داغ می‌شود؟

کف دستتان عرق می‌کند؟

نفس نفس می‌زنید؟

اگر این علائم یا هر علامت دیگری را که خودتان می‌دانید پیدا می‌کنید به محض اینکه این علائم ظاهر شدند به خودتان بگویید "کافی است"، و دور شوید و به دیگران بگویید که باید

کمی فکر کنید یا اینکه چند نفس عمیق بکشید و تا ده بشمارید؛ به اتاقتان بروید به یک بالش مشت بزنید یا داخل آن فریاد بکشید. همه این راه‌ها کمک می‌کند که آرام شوید و روی خودتان کنترل پیدا کنید و بعد راجع به مسئله فکر و صحبت کنید.

من قابل احترام نیستم:

یکی از مسائلی که برای نوجوانان آزاردهنده است مورد آزار قرار گرفتن در مدرسه یا دست انداخته‌شدن است.

اگر شما هم جزو این گروه هستید بدانید که می‌توانید یاد بگیرید چگونه با این افراد به‌اصطلاح قُلدر در مدرسه روبرو شوید. اگر می‌خواهید روی پای خودتان بیاستید باید به این مسئله پایان دهید و از راه مسالمت‌آمیز با آن فرد روبرو شوید. قبلاً جملاتی را که باید به او بگویید تمرین کنید مثلاً به او بگویید "وقتی این رفتار را با من می‌کنی و یا این حرف را به من می‌زنی من واقعاً ناراحت می‌شوم و از تو می‌خواهم به این کار ادامه ندهی و این رفتار را تمام کنی." یا اینکه به او بگویید "این رفتار درست نیست؛ من دوست دارم راهی پیدا کنم که ما با هم بیشتر همراه و دوست باشیم."

اگر به این وسیله فرد قلدر کارش را متوقف نکرد و دوباره به رفتارهایش ادامه داد حداقل سعی کنید آرامشتان را حفظ کنید و به او و کسانی‌که با او همراه هستند نشان دهید که آرام هستید و به آن‌ها اهمیتی نمی‌دهید.

کسانی‌که دیگران را دست می‌اندازند و قلدری می‌کنند معمولاً انسان‌های رشد نیافته و نابالغی هستند که سعی می‌کنند کمبودهای خودشان را از طریق آزار دیگران جبران کنند و معمولاً بچه‌هایی هم که دور این افراد هستند. افرادی که از ترس اینکه مبادا خودشان مورد آزار قرار بگیرند به این افراد ملحق می‌شوند.

حتی در بدترین این گروه‌ها هم معمولاً بچه‌هایی هستند که از بقیه بهتر هستند و شما می‌توانید روی آن‌ها کار کنید و سعی کنید آن‌ها را بشناسید و با آن‌ها دوست شوید.

همین‌طور می‌توانید به‌صورت خصوصی موضوع را با معلمان در میان بگذارید و ببینید آیا می‌توانند قوانین جدیدی برای رفتار در کلاس وضع کنند و یا برای کسانی که خوش‌رفتار هستند پاداش در نظر بگیرند.

گاهی هم بهترین کار این است که به خودتان اجازه ندهید ناراحت شوید و احساساتتان جریحه‌دار شود. با اعتمادبه‌نفس رفتار کنید؛ سرتان را بالا نگه دارید و لبخند به لب داشته باشید.

من تنها هستم:

احساس تنهایی معمولاً وقتی پیش می‌آید که از کسی دورید و دل‌تنگ او هستید یا اینکه فکر می‌کنید اطرافیانتان در حال خوش‌گذرانی هستند ولی شما نه. احساس تنهایی حتی می‌تواند در جمع هم پیش بیاید یعنی با افراد زیادی در جایی باشید ولی در آنجا احساس تنهایی کنید.
نوع دیگری از این احساس تنهایی وقتی است که پدر و مادری از هم جدا شده‌اند و شما با یکی از آن‌ها زندگی می‌کنید و در عین حال برای دیگری دل‌تنگ هستید یا نگران او هستید که بدون شما چه می‌کند و آیا او هم نگران شما هست یا نه؟ گاهی هم از اینکه بدون او خوش می‌گذرانید و اوقات خوبی دارید احساس گناه می‌کنید.
بهترین راه این است که با هر یک از آن‌ها که زندگی می‌کنید با دیگری هم در تماس باشید؛ عکسی از او داشته باشید و هم‌چنین درباره نگرانی‌ها و احساساتتان با او صحبت کنید و از او کمک بگیرید. یاد بگیرید در زمانی که با هر یک از آن‌ها هستید از وجودشان لذت ببرید.
اگر احساس می‌کنید در جمعی نادیده گرفته می‌شوید و احساس تنهایی می‌کنید بدترین کار این است که جدا از دیگران بنشینید و در صحبت‌ها شرکت نکنید. بهتر است در جمع باشید یا کسی را از میان جمع پیدا کنید و با او سر صحبت را باز کنید.

من غمگین هستم:

همان‌طور که گاهی دست و پا می‌شکند یا جایی از بدن کبود می‌شود قلب هم به‌اصطلاح می‌شکند و شما غمگین می‌شوید. اگر این غم زیاد دوام بیاورد باید از دیگران کمک بگیرید و هم چنین خودتان به کمک خودتان بیایید. وقتی غمگین هستید همه‌چیز در زندگی بسیار مشکل به نظر می‌رسد و این غم و اندوه روی یادگیری و روابط شما با اطرافیانتان اثر بدی می‌گذارد.
حالا شاید بپرسید من چگونه می‌توانم به خودم کمک کنم.

راه‌های زیر می‌توانند کمک‌کننده باشند:
<u>**بدنتان را به حرکت وادارید:**</u> ورزش کنید؛ به پیاده‌روی بروید؛ از پله بالا بروید. به‌طورکلی کارهایی کنید که ضربان قلبتان بالا رود.

از خانه بیرون بروید: باید هوای تازه استنشاق کنید پس حتی اگر برای مدت کوتاهی هم که شده از خانه بیرون بروید حتی اگر هوا ابری یا بارانی باشد.

از نور استفاده کنید: پرده‌ها را کنار بکشید یا چراغ‌ها را روشن کنید تا اطرافتان روشن باشد.

غذاهای سالم مصرف کنید: در طول روز سه وعده غذا بخورید. از مصرف موادغذایی کافئین دار مثل شکلات یا نوشابه بپرهیزید چون کافئین باعث می‌شود شب نتوانید بخوابید.

دیر به رختخواب نروید و دیر هم از رختخواب بیرون نیایید: حتی در آخر هفته‌ها هم مثل همیشه بخوابید و از خواب بیدار شوید.

از آدم‌های منفی و مأیوس دوری کنید: از کسانیکه احساس شما را بد می‌کنند و ناامیدانه حرف می‌زنند اجتناب کنید.

خودتان را ایزوله نکنید: با دیگران وقت بگذارید. از آن‌ها برای رفتن به سینما؛ پارک؛ مرکز خرید و ... دعوت کنید.

از پدر و مادرتان کمک بخواهید: با آن‌ها درباره مشکل‌تان صحبت کنید.

گریه کنید: اگر فکر می‌کنید با گریه کردن سبک می‌شوید و احساس‌تان بهتر می‌شود گریه کنید. در عین حال فکر کنید دنیا به آخر نرسیده و می‌توانید بر مشکلتان غلبه کنید.

بنویسید یا نقاشی کنید: برای بیان احساس غم و غصه‌تان چیزی بنویسید یا اگر می‌توانید تصویری از آن احساس بکشید.

به موسیقی گوش کنید: به موسیقی شاد گوش کنید و حتی با آن برقصید. موسیقی شاد در بالا بردن روحیه بسیار مؤثر است.

گاهی برای بعضی افراد این غم و اندوه بسیار شدید می‌شود که به آن افسردگی شدید یا دپرسیون (Depression) می‌گویند. این افراد نیاز به درمان دارویی و روانکاوی دارند.

علائم افسردگی شدید:

اگر شما هر یک از علائم زیر را دارید از مادر و پدرتان بخواهید که از یک روانکاو یا روانپزشک کمک بگیرند. البته این علائم همیشه نشانه افسردگی نیست ولی ممکن است نشانه غم شدید باشد که نیاز به کمک درمانگر داشته باشد.

اگر:

- همیشه احساس خستگی می‌کنید.
- به‌طور متناوب سردرد یا دل‌درد دارید.

- اغلب خشمگین یا تحریک‌پذیر هستید.
- احساس غم را بیش از دو هفته دارید.
- در تمرکز یا توجه کردن به چیزی مشکل دارید.
- از انجام هیچ کاری لذت نمی‌برید.
- نسبت به خودتان احساس بدی دارید.
- احساس می‌کنید که می‌توانید به خودتان یا فرد دیگری آسیب بزنید.

حتی اگر جوابتان به همه موارد بجز مورد آخر خیر است یعنی اینکه زیاد به مرگ یا خودکشی فکر می‌کنید باید حتماً از پدر و مادرتان بخواهید که شما را نزد روان‌پزشک یا روانشناس ببرند.

من عزادارهستم:

این حالت وقتی پیش می‌آید که کسی از اطرافیان نزدیک از دنیا می‌رود. حس عزاداری حس دردناکی است که ترکیبی از غم؛ خشم؛ ترس و احساس تنهایی است.
شما باید سعی کنید از این حس درس‌های خوبی بیاموزید. حتماً می‌پرسید چگونه بعد از این حس دردناک زندگی می‌تواند دوباره خوب و شاد باشد. گذشته از اینکه چقدر این حس برای شما دردآور بوده است باید یاد بگیرید حستان را با نزدیکان و دوستانتان در میان بگذارید و برای اینکه پا به مرحله بعد زندگی بگذارید باید این حس را آزاد کنید.

چگونه حس عزا را کاهش دهیم:

صحبت کردن: با کسی که در این غم و اندوه از دست دادن با شما شریک است صحبت کنید و لحظات خوبی را که با فرد از دست رفته داشته‌اید مرور کنید.

برپا کردن یادبود: به احترام فرد از دست رفته یک کار جدید در خانه انجام دهید مثلاً چند شمع در جایی از خانه برای او روشن کنید.
نوشتن: خاطرات خوبی را که از فرد از دست رفته می‌دانید بنویسید و اینکه چرا او از نظر شما انسان خوبی بوده است. حتی می‌توانید این نوشته را برای دیگران بخوانید.

درست کردن آلبوم عکس: برای یادآوری لحظات خوبی که با او داشتید یک آلبوم عکس از او و خودتان درست کنید و یا یکی از عکس‌های او را قاب بگیرید.

پرت کردن حواس: برای مدتی خود را با چیزهایی که ذهنتان را از فکر کردن به او و غم دور می‌کند سرگرم کنید مثلاً به سینما بروید؛ با دوستانتان وقت بگذرانید و سعی کنید بخندید؛ مطمئن باشید فرد از دست رفته هم همین را می‌خواهد.

گاهی اوقات ممکن است بخاطر کاری که انجام دادید و یا کاری که انجام ندادید احساس گناه کنید و به خاطر آن تأسف بخورید. ولی باید بدانید این احساس گناه به شما لطمه می‌زند؛ شما نمی‌توانید دوباره به گذشته برگردید و آن را جبران کنید پس بپذیرید که اشتباه کردید و سپس آن را فراموش کنید. حتی می‌توانید در نامه‌ای که در دفترچه‌تان می‌نویسید از او معذرت بخواهید و پس از آن به لحظه‌های خوبی که با او داشتید فکر کنید.

احساسات مثبت

تا اینجا ما درباره احساسات بد صحبت کردیم و راه‌های برخورد با آن‌ها را یاد گرفتیم اما احساسات خوب و مثبت هم زیاد هستند مثل احساس شادی؛ احساس غرور؛ احساس قدرت؛ احساس امنیت و بسیاری احساسات دیگر که باید آن‌ها را تقویت کنید و در برخورد با شرایط سخت با آن احساسات شرایط را بهتر کنید. بدانید که شرایط سخت و شرایط خوب و مساعد هر یک فرصتی به شما می‌دهند که خودتان را بهتر بشناسید و تجربیات جدید کسب کنید. چگونگی برخورد شما با هر یک از این شرایط تصویری از خودتان را در ذهن شما و دیگران می‌سازد. پس سعی کنید این تصویر؛ تصویری باشد که دوست دارید و به صدای احساسات مثبتتان گوش دهید.

اعتمادبه‌نفس

یکی از احساسات مثبت داشتن اعتمادبه‌نفس است که اینجا به‌طور مفصل درباره آن صحبت می‌کنیم. یاد بگیرید وقتی می‌گوییم کسی اعتمادبه‌نفس بالا یا پایین دارد یعنی چه و چطور می‌توانیم اعتمادبه‌نفسمان را بالا ببریم و حال اینکه تعریف اعتمادبه‌نفس چیست.

اعتمادبه‌نفس چیست؟

اعتمادبه‌نفس یک احساس است و درواقع نظری است که درباره خودتان دارید. در زبان انگلیسی کلمات مختلفی برای اعتمادبه‌نفس استفاده می‌شود ولی همه آن‌ها بیانگر این هستند که چقدر شما همین انسانی که هستید را دوست دارید. اعتمادبه‌نفس بخشی از وجود شماست و عقیده‌ایی است که درباره خودتان دارید و آن را در قلب و مغزتان حمل می‌کنید.

اعتمادبه‌نفس مثل یک صدا است که به شما می‌گوید: این کار را انجام بده؛ تو می‌توانی؛ تو کارهای سخت‌تر از این را هم قبلاً انجام داده‌اید اما اگر نتوانستید نگران نشوید همیشه برای انجام دوباره آن وقت دارید.

وقتی از اعتمادبه‌نفس کافی برخوردارید خودتان را دوست دارید و از انسانی که هستید راضی هستید؛ هر کاری را می‌توانید انجام دهید ولی وقتی اعتمادبه‌نفس کافی نداشته باشد فکر می‌کنید که به‌درستی قادر به انجام هیچ کاری نیستید و به همین دلیل از انجام کارهای جدید گریزان هستید.

آیا اعتمادبه‌نفس قابل دیدن است؟

با اینکه اعتمادبه‌نفس در درون شماست اما دیگران از طریق زبان بدن شما می‌توانند آن را ببینند. در بیشتر اوقات کسی که اعتمادبه‌نفس بالا دارد مطمئن به نظر می‌رسد و به کارهایی که انجام می‌دهد افتخار می‌کند از نظر ظاهری راست می‌ایستد و با سر و شانه‌های عقب داده‌شده راه می‌رود.

موقع صحبت کردن با کسی یا گوش دادن به کسی به چشم‌های آن فرد نگاه می‌کند و لبخند می‌زند. اما برعکس کسی که اعتمادبه‌نفس پایین دارد مثل یک عروسک شل است که بجایی آویزان شده است؛ سر و شانه‌هایش به پایین آویزان هستند و از اینکه به چشم‌های دیگران نگاه کند اجتناب می‌کند و به نظر می‌رسد که می‌خواهد از دید دیگران خود را پنهان کند.

اعتمادبه‌نفس چگونه و از کجا به وجود می‌آید؟

اعتمادبه‌نفس از درون شما می‌آید و با شما متولد می‌شود اما درخانه شکل می‌گیرد و ساخته می‌شود. از وقتی کودک هستید از طریق اتفاقاتی که برایتان می‌افتد شروع به ساخته‌شدن می‌کند و با شما بزرگ می‌شود. اعتمادبه‌نفس همیشه ثابت نیست و با هر تجربه جدیدی تغییر می‌کند.

گر چه اعتمادبه‌نفس شما بیشتر از تجربیاتی که با دیگران مثل خانواده، معلم‌ها و دوستانی که دارید شکل می‌گیرد ولی مسئولیت کامل آن با شماست که چگونه از خودتان مراقبت کنید؛ چه تصمیماتی بگیرید و چه هدف‌هایی را برای خودتان تعریف کنید. هر وقت کار جدید یا سختی را آغاز می‌کنید اعتمادبه‌نفستان بالا می‌رود؛ بدون توجه به اینکه در آن کار موفق می‌شوید یا نه. اگر موفق شوید می‌توانید قدم بعدی را بردارید ولی اگر موفق نشوید باید به تلاشتان ادامه دهید.

چگونه می‌توان اعتمادبه‌نفس را تغییر داد؟

برای تغییر اعتمادبه‌نفس باید ابتدا تفکرات و احساساتتان را نسبت به خودتان تغییر دهید و اگر می‌خواهید احساس بهتری به خودتان داشته باشید می‌توانید از راه‌های زیر احترام و کرامت به خودتان را افزایش دهید:

تصمیمات درست بگیرید: وقتی والدینتان به شما آزادی عمل می‌دهند درواقع می‌خواهند بدانند شما حتی در غیاب آن‌ها هم مواظب خودتان هستید پس به یاد داشته باشید که باید تصمیماتی بگیرید که اگر آن‌ها هم بجای شما بودند همان تصمیمات را می‌گرفتند.

با خودتان مهربان باشید: با خودتان همان‌طور رفتار کنید که با بهترین دوستتان رفتار می‌کنید. از کلمات زیبا برای خودتان استفاده کنید و چیزهایی را که دوست ندارید از دیگران درباره خودتان بشنوید؛ برای خودتان استفاده نکنید.

روی اتفاقات و چیزهای خوب تمرکز کنید: اگر عادت دارید فقط به مشکلات فکر کنید حالا برعکس عمل کنید و چیزهایی را که با سعی و تلاش شما خوب پیش رفتند به یادآورید و هرروز سه چیز خوب درباره‌ی خودتان بنویسید.

به اشتباهات به‌عنوان فرصتی برای یادگیری نگاه کنید: قبول کنید که هرکسی حق اشتباه دارد از جمله شما. اشتباهات بخشی از یادگیری هستند و بجای اینکه به خودتان بگویید"من همیشه خرابکاری می‌کنم." به خودتان یادآوری کنید که همیشه این‌طور نبوده و نخواهد بود.

افکاری که سبب می‌شود خودتان را نسبت به دیگران کمتر ببنید را اصلاح کنید: اگر خودتان را با دیگران مقایسه می‌کنید و فکر می‌کنید استعداد شما کمتر از آن‌هاست روی توانایی‌هایتان تمرکز کنید؛ مثل اگر فکر می‌کنید دوستتان در ورزش بااستعداد است و شما به‌خوبی او نیستید علاوه بر اینکه او را مورد تشویق قرار می‌دهید به خودتان بگویید او ورزشکار بسیار خوبی است اما من هم در ریاضیات خوب هستم؛ من ورزش می‌کنم فقط برای اینکه از آن لذت می‌برم.

فعالیت‌های جدید را امتحان کنید: امتحان کردن فعالیت‌های گوناگون به شما کمک می‌کند که استعدادهایتان را کشف کنید و پس از پیدا کردن مهارت‌های جدید به خود ببالید. این تجربیات مثبت نظر شما را نسبت به خودتان تغییر می‌دهد و اعتمادبه‌نفستان را بالا می‌برد.

تشخیص دهید چه را می‌توانید تغییر دهید و چه را نمی‌توانید: در نظر بگیرید چیزی در شما هست که از آن راضی نیستید و می‌توانید آن را تغییر دهید مثلاً **وزن**؛ اگر چاق یا لاغر هستید و از آن راضی نیستید می‌توانید با برنامه‌ریزی از همین امروز آن را تغییر دهید. ولی گاهی چیزهایی هستند که قابل‌تغییر نیستند مثل قد؛ پس باید روی خودتان کار کنید و آن‌طور که هستید خودتان را بپذیرید. وسواس داشتن به‌ظاهر؛ اعتمادبه‌نفس را پایین می‌آورد. باید بدانید که اغلب ایرادهایی که شما از ظاهر خودتان می‌گیرید حتی دیگران متوجه آن‌ها نیستند و به آن‌ها اهمیت نمی‌دهند.

نگران بودن در مورد ظاهرتان و اینکه در نظر دیگران چگونه هستید شما را به هیچ جا نمی‌برد. زیبایی ظاهری همه‌چیز نیست شاید در اطرافتان آدم‌های زیادی را دیده باشید که بسیار زیبا

هستند ولی خوشحال و خوشبخت نیستند و برعکس آدم‌هایی را دیده باشید که از نظر ظاهری بسیار معمولی هستند ولی خوشحال؛ خوشبخت و قابل‌احترام هستند.
آراستگی؛ متناسب بودن و سلامت بودن جدا از زیبایی ظاهری هستند پس از آنچه که از نظر فیزیکی هستید لذت ببرید.

هدف‌هایی را برای خودتان تعریف کنید: به کارهایی که دوست دارید فکر کنید و برای انجام دادن و رسیدن به آن‌ها برنامه‌ریزی کنید و دائم آن‌ها را برای خودتان یادآوری کنید مثلاً اگر می‌خواهید به وزن مناسب برسید به خودتان بگویید "من باید هر روز ۴۵ دقیقه ورزش کنم."

از بدنتان مراقبت کنید: بیماری اجتناب‌ناپذیر است اما اگر از بدنتان مراقبت کنید کمتر دچار بیماری می‌شوید و با رعایت نکات بهداشتی می‌توانید از ابتلا به بعضی از بیماری‌ها پیشگیری کنید.

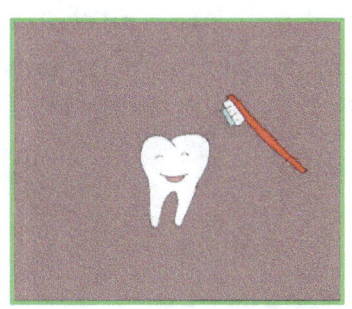

به‌اندازه کافی بخوابید؛ غذاهای تازه و سالم مصرف کنید و از زیاد خوردن غذاهای آماده اجتناب کنید؛ هیچ وعده غذایی را حذف نکنید؛ به‌اندازه کافی ورزش کنید؛ به‌طور مرتب و حداقل یک روز درمیان حمام کنید؛ دندان‌هایتان را هر صبح و شب مسواک بزنید و حداقل سالی یک‌بار برای چک دندان‌ها و جرم‌گیری به دندان‌پزشک مراجعه کنید. لباس‌های تمیز بپوشید؛ لازم نیست که آن‌ها آخرین مدل یا حتی نو باشند بلکه باید تمیز و مرتب باشند. ناخن‌ها و دست‌هایتان را تمیز نگه دارید و بعد از استفاده از دستشویی و قبل از غذا حتماً آن‌ها را بشویید.

به خودتان ببالید: وقتی از خانه بیرون می‌روید با گردنی افراشته و شانه‌های عقب داده شده و با اعتمادبه‌نفس قدم بردارید تا همه ببینند که چه شخص مطمئن و متکی به نفسی هستید.

تحریف واقعیت

حتی خوشحال‌ترین و متکی به نفس‌ترین انسان‌ها نیز دچار احساسات منفی می‌شوند چرا که این‌ها همه بخشی از زندگی هستند. باوجود اعتمادبه‌نفس پایین این احساسات منفی بیشتر بروز می‌کنند و باعث می‌شوند که افکار ناامیدکننده‌ای به ذهن خطور کنند. متخصصین رفتارشناسی این حالت را تحریف واقعیت می‌نامند یعنی اینکه حقایق و اتفاقات بدتر از آنچه که هستند به نظر می‌رسند مثل اینکه آن‌ها را زیر ذره‌بین نگاه کنید. اگر هرچقدر هم کوچک و ناچیز باشند باز هم بزرگ به نظر می‌رسند. مثلاً فرض کنید موهایتان را چون مجعد هستند دوست ندارید حالا اگر یکی از دوستانتان بگوید که دوست داشت موهایی مثل شما داشت ممکن است فکر کنید که او قصد طعنه زدن به شما را دارد و راست نمی‌گوید زیرا مغز شما در این حالت می‌خواهد به همان شکلی که احساس شما از موهایتان است اطلاعات را داشته باشد؛ چون با اعتمادبه‌نفس پایین مغز هم واقعیت را تحریف می‌کند.

پس اگر می‌خواهید اعتمادبه‌نفستان را بالا ببرید باید مغزتان را متقاعد کنید که دوستتان حقیقت را گفته و واقعاً موهای شما را دوست دارد.

این درواقع یک بازی ذهنی است که با پایین بودن اعتمادبه‌نفس افکار اشتباه برنده می‌شوند چون مغز می‌خواهد همه‌چیز را به همان شکل حفظ کند ولی با انجام تمریناتی که به جنگ این تحریف واقعیت می‌رود تصور درست است که برنده می‌شود و هدایت مغز را به عهده می‌گیرد.

تمریناتی برای مغز

این تمرینات برای وقتی‌که مغز به حالت ذره‌بین درمی‌آید و افکار و احساسات منفی را بزرگ‌نمایی می‌کند کمک کننده هستند.

قدم اول: آنطور که فکر می‌کنید نیست

به یاد داشته باشید:

- دیگران آن‌طور که شما به خودتان دقیق می‌شوید به شما نگاه نمی‌کنند.
- هیچ‌چیز برای ابد ادامه پیدا نمی‌کند مثلاً آنچه را که می‌بینند یا می‌گویند ممکن است چند روز بعد فراموش کنند.
- آنچه درباره خودتان به آن توجه می‌کنید فقط بخش کوچکی از شماست و هنوز بقیه موارد دوست‌داشتنی در شما وجود دارد.
- کمتر به افکار بد بپردازید و بیشتر وقتتان را به مسائل لذت‌بخش و دوست‌داشتنی بپردازید.
- تا هفته بعد رور بدی را که داشتید به‌سختی بیاد می‌آورید.

قدم دوم: کانال را عوض کنید

اگر روی کانال ناامیدی و احساسات منفی هستید با انجام کارهای متفاوت کانال مغزی‌تان را عوض کنید مثلاً کتاب بخوانید؛ اتاقتان را مرتب کنید؛ در آشپزی کمک کنید و بسیاری کارهای دیگر.

قدم سوم: به نقاط قوت و مثبت خودتان توجه کنید

همیشه در شرایط پایین بودن خلق‌وخو قابلیت و توانایی‌ها فراموش می‌شوند پس سعی کنید به آن‌ها فکر کنید و حتی از اطرافیانتان بپرسید که به نظر آن‌ها شما چه توانایی‌هایی دارید.

قدم چهارم: به نقاط مثبت دوستان و اطرافیانتان توجه کنید

به خصوصیات مثبتی که دوستان و اطرافیانتان دارند نگاه کنید و سعی کنید یک کلمه مثبت که با اول اسم آن‌ها شروع می‌شود پیدا کنید و جلوی اسم او بنویسید مثلاً مینا (مهربان) ؛ کیمیا (کوشا).

قدم پنجم: ریلکس کردن

بعضی روزها به مغزتان استراحت دهید و آن ذره‌بین را کنار بگذارید و با خودتان مهربان باشید؛ کارهای آرامش‌بخش برای خودتان تدارک ببینید. کارهایی که به زیاد فکر کردن و تلاش زیاد نیازی ندارند مثل: نقاشی کشیدن؛ نوشتن کلمات ترانه‌ای که دوست دارید؛ خواب نیمروز که حالتان را جا بیاورد و......

بالا رفتن اعتمادبه‌نفس یک شبه اتفاق نمی‌افتد باید قدم‌به‌قدم اقدام کرد و ابتدا از کارهای ساده و کوچک آغاز کرد. اولین و سریع‌ترین کار جایگزین کردن جمله کوتاه

"من نمی‌توانم"

با جمله

"من می‌توانم"

است. انجام کارهای ساده و کوچکی که قطعاً از عهده انجامشان برمی‌آیید باعث احساس موفقیت در شما می‌شوند و این احساس موفقیت به شما اطمینان می‌دهد که برای انجام کارهای بزرگ‌تر و سخت‌تر اعتمادبه‌نفس پیدا کنید. همان‌طور که قبلاً گفتیم اعتمادبه‌نفس در خانه شکل می‌گیرد و خانواده و اطرافیان نقش بسیار مهمی در حمایت از شما دارند. جدا از کارها و وظایفی که خود آن‌ها برای کمک به شما دارند شما نیز باید در این راه از آن‌ها کمک بگیرید. آن‌ها می‌توانند نقش ناظر را برای شما بازی کنند و به‌عنوان کسانی‌که تماشاگر فعالیت‌های شما هستند راهنمایی‌تان کنند. مثلاً اگر قرار است در مدرسه نمایشی اجرا کنید یا قرار است در آنجا راجع به موضوعی صحبت کنید می‌توانید این کار را در کنار آن‌ها تمرین کنید و نظر آن‌ها را بپرسید تا بتوانید کمی و کاستی‌های کارتان را برطرف کنید. آن‌ها بهتر از هر کس دیگری شما را می‌شناسند در نتیجه بهترین راهنمایی‌ها و حمایت‌ها را می‌توانند به شما بکنند. همان‌طور که شما می‌توانید روی کمک آن‌ها حساب کنید و مهارت‌های جدید

کسب کنید و استعدادهایتان را کشف کنید آن‌ها هم باید روی کمک شما حساب کنند و مسئولیت‌های بیشتری به شما محول کنند.

بایدها و نبایدهایی برای تقویت اعتمادبه‌نفس

بایدها:

- **از پتانسیل و استعدادهایتان استفاده کنید:** هرکسی بااستعدادی خاص متولد می‌شود. تصور کنید که یک توپ خمیری هستید که می‌توانید آن را به هر شکلی که دوست دارید درآورید.
- **تصمیمات درست بگیرد:** اگر می‌خواهید فعالیت جدیدی را شروع کنید از فکرتان کمک بگیرید و بسنجید که آیا آن فعالیت برای شما مفید است و اگر قلبتان هم می‌گوید که آن همان چیزی است که می‌خواهید آن را شروع کنید و انجام دهید. ابتدا اهداف کوچک را آغاز کنید؛ هدف‌هایی که رسیدن به آن‌ها با شرایط کنونی شما میسر می‌شود.
- **فعالیت‌های جدید را امتحان کنید:** حتی قصد انجام دادن کارهایی که قبلاً انجام نداده‌اید هم اعتمادبه‌نفس را بالا می‌برد.
- **تمرین و بررسی کنید:** علایقتان را پیدا کنید و برای رسیدن به آن‌ها تمرین و ممارست کنید.
- دور و برتان را با دوست‌هایی که پشتیبان شما هستند و موفقیتتان را می‌خواهند پرکنید.
- به کسانی‌که به کمکتان نیاز دارند؛ کمک کنید.
- به خودتان اعتماد کنید.
- مغزتان را با پیام‌های خوب و مثبت ورزش دهید.
- خودتان را همانند یک انسان موفق تصور کنید.

نبایدها:

- هرگز اجازه ندهید دیگران شما را خوار و خفیف کنند.
- به خودتان القاب و نسبت‌های بد ندهید.
- خودتان را با این فکر که دیگری بهتر از من می‌تواند کاری را انجام دهد؛ متقاعد نکنید.
- از شکست نهراسید. شاید امروز بهترین روز شما نباشد ولی فردا می‌تواند روز بهتری باشد.
- فکر نکنید که اتفاقات بد فقط برای شما می‌افتد.
- به مسائل کوچک زیاد از حد واکنش نشان ندهید.
- فکر نکنید یک مشاجره کوچک دوستی‌ها و روابط را از بین می‌برد.
- اعتقاد نداشته باشید همه اتفاقات همیشه سخت یا بد هستند.
- فقط روی اهداف کوچک متمرکز نشوید؛ تمرکز روی آن‌ها فقط برای شروع است. با تلاش می‌توانید به هر چه می‌خواهید برسید.

روابط دوستانه

دوستان هم مثل خانواده نقش مهمی در بالا بردن اعتمادبه‌نفس دارند. یک دوست خوب می‌تواند هر زمان که شما نیازی به یک شانه برای گریه کردن؛ همراهی برای خندیدن و... دارید در کنار شما باشد و وقتی می‌خواهید تجربه جدیدی را امتحان کنید به شما قوت قلب بدهد. یک دوست می‌تواند مثل یک عضو خانواده باشد که شما را به‌خوبی می‌شناسد. یک دوست خوب بهترین را برای شما می‌خواهد همان‌طور که شما برای او.

اما باید به یاد داشته باشید که دوستی هم قواعد خاص خود را دارد:

- الزاماً همیشه نباید با نظرات یکدیگر موافق باشید. گاهی همین متفاوت فکر کردن؛ درس‌های جدید و تجربیات زیبایی را رقم می‌زند.
- صداقت در دوستی یک اصل مهم است. اگر دوستی احساسات شما را جریحه‌دار کرد به او یادآوری کنید که آن رفتار یا حرف شما را آزرده کرده است.
- رعایت ادب حتی با دوستان صمیمی هم جزو اصول اساسی دوستی است.

- ازآنجاکه هیچ رابطه دوستانه‌ای بدون اشتباه نیست؛ اگر مرتکب اشتباه شدید حتماً بابت آن عذرخواهی کنید.
- به قول‌ها و وعده‌هایتان عمل کنید.

یادداشت های دخترانه

مهارت‌های مفید

چگونه با روزهای بد مواجه شویم

هیچ‌کس نمی‌تواند دنیا را کنترل کند اما می‌تواند نحوه برخوردش را با دنیا تغییر دهد. همه آدم‌ها روزهای بد دارند. هیچ‌کس نمی‌تواند یک تعریف مشخص از روز بد داشته باشد چون یک روز بد می‌تواند بین آدم‌ها متفاوت باشد ولی جدا از اینکه هر کس چطور روز بد را تعریف می‌کند چیزی که مهم است این است که روز بد یعنی روزی که احساس شما را بد می‌کند. خیلی از اوقات اتفاق‌هایی که روز شما را خراب می‌کنند و احساستان را منفی می‌کنند خارج از کنترل هستند مثلاً قرار است به یک مهمانی بروید و درست روز قبل از مهمانی سرمای سختی می‌خورید طوری که باید حتماً در خانه بمانید و استراحت کنید و همین اتفاق به‌شدت شما را ناراحت و عصبانی می‌کند یا مثلاً قرار است آخر هفته به یک پیک‌نیک دسته جمعی بروید و سازمان هواشناسی ناگهان اعلام می‌کند که آخر هفته هوا بارانی است و باد به‌شدت می‌وزد؛ خوب به‌احتمال‌زیاد روز خوبی که در پیش داشتید با چیزی غیرقابل‌کنترل برای شما به‌روز بد تبدیل‌شده است و هیچ کاری نمی‌توانید بکنید جز اینکه آن را بپذیرید.

گاهی اوقات هم بدون هیچ دلیل واضحی صبح از خواب با بدخلقی و به قول خودمان از دنده چپ بیدار می‌شوید. این روزها؛ روزهای کسالت‌بار و خسته‌کننده‌ای هستند و به نظر می‌رسد هیچ چیز سر جای خودش نیست و همه چیز برخلاف میل شما پیش می‌روند.

به‌هرحال چه روزهای اتفاقات بد خارج از کنترل چه روزهای بیداری با بدخلقی؛ اجازه ندهید که آن‌ها شما را مشوش کنند و از داخل شما را بخورند. در عوض چیزهایی پیدا کنید که روزتان را بسازند و لذت‌بخش باشند سپس با خودتان خلوت کنید و از خودتان بپرسید که اگر قرار باشد به این روز بد؛ نمره بدهید از ۱ تا ۱۰ چه نمره‌ای می‌دهید. اگر نمره زیر ۵ است قطعاً می‌توانید آن را فراموش کنید و اجازه ندهید که روند عادی زندگی‌تان را خراب کند. اما اگر نمره بین ۶ تا ۸ است فکر کنید که از چه‌کارهایی می‌توانید برای بهتر شدن احساستان کمک بگیرید. مثلاً آیا به یک دوست نیاز دارید که با او درد دل کنید؟ دوست دارید گریه کنید؟.... ولی اگر نمره ۹ یا ۱۰ بود ممکن است واقعاً به شانه‌ای نیاز داشته باشید که گریه کنید و با یک بزرگتر که قابل‌اعتمادتان است حرف بزنید و از او آرامش بگیرید و راه‌حل بخواهید.

راه‌های کمک به دیگران

دالایی‌لاما می‌گوید: *"اگر می‌خواهید دیگران خوشحال باشند؛ شفقت و مهربانی را تمرین کنید. اگر می‌خواهید خودتان خوشحال باشید؛ شفقت و مهربانی را تمرین کنید."*

کمک کردن به دیگران بیش از هر کسی برای خود انسان نفع دارد و باعث احساس شادی و بالا رفتن اعتمادبه‌نفس می‌شود. یک کمک هر اندازه هم که کوچک باشد حداقل شما را برای مدتی کوتاه با انسان دیگری مرتبط می‌کند و این ارتباط زندگی فرد دیگر را هر چند اندک بهبود می‌بخشد و جهان را جای بهتری برای زندگی کردن می‌کند.

مهربانی می‌تواند تکثیر شود و در جامعه گسترش یابد. می‌توانید از همین امروز شروع کنید با انجام کاری کوچک یا شروع اقدامی بزرگ.

نمی‌دانید از کجا شروع کنید؟

اینجا فهرستی از کارهایی که می‌توانید به آن‌ها فکر کنید وجود دارد و من مطمئنم که خودتان هم ایده‌های جدیدی پیدا خواهید کرد.

- **لبخند زدن و دوستانه رفتار کردن:** ساده‌ترین کمکی که به دیگران می‌توان کرد داشتن لبخند و رفتار دوستانه در مواجهه با دیگران است زیرا این کار روز بهتری برای دیگران می‌سازد.

- **بخشیدن وسایلی که استفاده نمی‌کنید:** لباس‌هایی که برایتان کوچک‌شده و یا وسایلی که از آن‌ها استفاده نمی‌کنید درصورتی‌که سالم و تمیز باشند همیشه می‌توانند برای افراد دیگر قابل‌استفاده باشند.

- **آموزش دادن:** می‌توانید در خانه به خواهر و برادر کوچک‌تان در درس‌هایشان کمک کنید و حتی برای آن‌ها کتاب بخوانید. در مدرسه به دانش‌آموزانی که در دروسشان نیاز به کمک دارند کمک کنید. حتی بعضی از مهارت‌هایی را که دارید به دیگران آموزش دهید مثل دوچرخه‌سواری؛ کار با کامپیوتر و....

- **کمک کردن در کارهای خانه:** همیشه کمک کردن در کارهای خانه بخصوص کارهایی که بخشی از آن‌ها مربوط به شخص خودتان است مثل مرتب کردن تخت یا رختخواب و تمیز کردن اتاق با استقبال زیادی روبرو می‌شود.

- **قدردانی کردن از زحمات دیگران:** قدردانی کردن از زحمات مادر و پدر و سایرین و نشان دادن اینکه چقدر برای زحمات آن‌ها ارزش قائل هستید برای آن‌ها بسیار لذت‌بخش و شادی‌آفرین است.

- **تمیز نگه‌داشتن محیط زندگی و مدرسه:** تمیز نگه‌داشتن خانه و کلاس درس و مدرسه می‌تواند کمک بزرگی به بزرگ‌ترها در خانه و مسئول نظافت مدرسه باشد.

این‌ها تنها تعداد اندکی از کارهایی بود که می‌توانید برای کمک به دیگران انجام دهید.

با شعار "هر روز یک کار خوب" مهربانی را به یک عادت تبدیل کنید.

مهارت نه گفتن

این واقعیتی انکارناپذیر است که دوست داشته باشید با همسن و سالانتان هماهنگ باشید و مورد تأیید آن‌ها قرار بگیرید.

اما گاهی اوقات خودتان را در موقعیتی می‌بینید که فکر می‌کنید کاری را که دوستانتان انجام می‌دهند و از شما هم می‌خواهند آن را انجام دهید را دوست ندارید و نسبت به انجام آن احساس خوبی ندارید. در این مواقع چه فکر می‌کنید؟ آیا باید آن عمل را برخلاف میل باطنی و تحت‌فشار دوستانتان انجام دهید یا مطابق با احساستان پیش بروید و آن کار را انجام ندهید؟

باید بدانید وقتی دوست ندارید کاری را انجام دهید همیشه حق " نه " گفتن دارید. بیشتر اوقات "نه" گفتن به دوستان بسیار سخت است. اما باید تمرین کنید و آن را یاد بگیرید.

" نه " گفتن یک مهارت است.

"فشار منفی همسالان " به زمانی گفته می‌شود که از طرف دوستان برای انجام کاری که واقعاً دوست ندارید و به نظرتان کار غلطی می‌آید تحت‌فشار قرار می‌گیرید. علائم و عکس‌العمل‌های این فشار روی شما و بدنتان این‌هاست:

- پاهایتان می‌لرزد.
- دهانتان خشک می‌شود.
- احساس دلشوره می‌کنید.
- ضربان قلبتان بالا می‌رود.
- در سرتان احساس گرما یا سرما می‌کنید.

کمی فکر کنید آیا هرگز این شرایط و این علائم را قبلاً تجربه کرده‌اید؟ در هنگام برخورد با این فشارها همیشه این سؤالات را از خودتان بپرسید:

- آیا انجام این کار من را به درد سر می‌اندازد؟
- آیا با انجام این کار قانون‌شکنی می‌کنم (قانون مدرسه و خانه را می‌شکنم)؟
- آیا با انجام این کار خانواده من عصبانی یا شرمنده می‌شوند؟
- آیا بزرگ‌ترها از من ناامید می‌شوند؟
- آیا با این کار من به خودم یا فرد دیگری صدمه می‌زنم؟
- آیا امنیت من به خطر می‌افتد؟
- آیا بعد از انجام این کار احساس بدی می‌کنم؟

معمولاً کسانی که شما را تحت‌فشار می‌گذارند برای متقاعد کردن شما ممکن است بگویند:

- ✖ همه این کار را می‌کنند!
- ✖ هیچ‌کس نخواهد فهمید!
- ✖ جرئت داشته باش!

و جملاتی از این قبیل.

بعد از سؤال کردن از خودتان اکنون اگر تصمیم گرفتید بگویید "نه":

چطور "نه" بگویید

- فقط یک "نه" محکم و قاطع بگویید و محل را ترک کنید.
- بدون اینکه به درخواست آن‌ها پاسخی دهید محل را ترک کنید پیش از اینکه آن‌ها برایتان دلیل بیاورند و بخواهند شما را متقاعد کنند.
- خودتان را به نشنیدن بزنید.
- موضوع را عوض کنید و راجع به چیزی که آن‌ها علاقه‌مند هستند صحبت کنید.
- دوستانه به آن‌ها بگویید: "این کار درستی نیست. انجام این کار ایده چه کسی است؟ شما بسیار باهوش‌تر از این هستید که چنین پیشنهادی بدهید."
- من این کار را انجام نمی‌دهم و به شما هم توصیه می‌کنم این کار را نکنید. من نمی‌خواهم ببینم که شما به درد سر افتادید.
- شما نظر خودتان را دارید و من هم نظر و عقیده خودم را به همین دلیل این کار را انجام نمی‌دهم.

از هر یک از این راه‌ها که استفاده می‌کنید خیلی صریح و روشن صحبت کنید و بگویید که بیش از این نمی‌خواهید چیزی در این مورد بشنوید.

حمایت دوستان

در مقابل فشارهای همسالان؛ حمایت دوستان است که بخش مهمی از زندگی اجتماعی را تشکیل می‌دهد و به این معنی است که شما و دوستانتان می‌توانید ضمن کمک کردن به یکدیگر حامی هم نیز باشید.

شما با هم می‌توانید:

- ✓ تصمیمات درست بگیرید.
- ✓ به تفاوت‌های یکدیگر احترام بگذارید.
- ✓ در فعالیت‌های اجتماعی شرکت کنید.
- ✓ در کارهای عام‌المنفعه گروه‌های حافظ محیط‌زیست و گروه‌هایی که کمک‌های داوطلبانه انجام می‌دهند شرکت کنید.
- ✓ در ارتباط با بدگویی نکردن؛ قلدری نکردن و... با هم هم‌پیمان شوید.

عضو گروه‌های مثبت بودن باعث می‌شود:

- ✓ با آن‌ها خوش باشید و خوش بگذرانید.
- ✓ توانمندی‌ها و استعدادهایتان را کشف کنید.
- ✓ اعتمادبه‌نفستان بالا رود.
- ✓ با آدم‌های بیشتری آشنا شوید و بفهمید آن‌ها چگونه فکر می‌کنند.
- ✓ یاد می‌گیرید چگونه وارد بحث و مذاکره شوید و بخشی از یک تصمیم‌گیری باشید.
- ✓ علائقتان را با آن‌ها درمیان می‌گذارید و متقابلاً چیزهای جدید یاد می‌گیرید.

آداب معاشرت

همان‌طوری که بزرگ‌تر می‌شوید انتظارات از شما هم بیشتر می‌شود و اطرافیان توقع دارند که بیشتر شبیه بزرگ‌سالان رفتار کنید. همان‌طور که به جاهای جدید سر می‌زنید و تجربیات جدید کسب می‌کنید استقلالتان هم بیشتر می‌شود و همین‌طور مسئولیت بیشتری نسبت به اعمال و رفتارتان خواهید داشت.

دانستن آداب معاشرت کمک می‌کند که بهتر بتوانید با دیگران همراه و سازگار باشید و از اینکه خودخواه و آزاردهنده باشید پیشگیری می‌کند و به شما می‌آموزد که مهربان باشید. دانستن و رعایت این آداب از شما انسان بهتر و دوست داشتنی‌تری می‌سازد و شما را برای دیگران قابل احترام می‌کند.

آداب معاشرت درواقع رفتارهایی است که در یک زمان و مکان معین اکثر مردم انتظار دارند که دیگران از خودشان بروز دهند.

طبیعی است که این رفتارها از فرهنگی به فرهنگ دیگر و از کشوری به کشور دیگر تفاوت می‌کنند. حتی آن‌ها از زمانی به زمان دیگر هم فرق می‌کنند مثلاً آنچه که ممکن است سالیان پیش رفتاری خارج از ادب محسوب می‌شد در عصر حاضر رفتاری طبیعی قلمداد شود.

ولی بعضی از رفتارها هستند که تقریباً در همه جای دنیا نشانه ادب و احترام به دیگران محسوب می‌شوند مثل نگه‌داشتن در برای بزرگ‌ترها و حتی دوستان. وقتی هم‌زمان وارد جایی می‌شوید در را برای دیگران نگه‌دارید و به آن‌ها تعارف کنید که پیش از شما وارد یا خارج شوند.
وقتی میزبان هستید و از دیگران پذیرایی می‌کنید ابتدا برای صرف غذا یا نوشیدنی از مهمانتان دعوت کنید که شروع کند.
اگر در اتوبوس و مترو هستید و روی صندلی نشسته‌اید؛ در صورتی‌که افراد پیر یا ناتوان یا افرادی با کودک وارد می‌شوند و یا حتی بچه‌های کوچک صندلی‌تان را به آن‌ها بدهید.
وقتی در اتاقی هستید و یک فرد بزرگ‌سال وارد می‌شود شما یا هر فرد جوان‌تر باید برای آن فرد بایستید.
طریقه و نحوه صحبت کردن و حتی انتخاب کلمات باید مؤدبانه باشد و شما نباید همان‌گونه که با دوستانتان حرف می‌زنید با بزرگ‌ترها صحبت کنید.

قانون اول من: همیشه صدایی در درون ما می‌گوید: "تنها برای رضایت و خشنودی خودت هر کاری را که دوست داری انجام بده و بی‌خیال دیگران باش."
اما آیا فکر کرده‌اید که اگر هر کس بخواهد به این راه و روش پیش برود و تنها برای رضایت خودش زندگی کند و به حقوق دیگران احترام نگذارد؛ دنیا جای بسیار بد و آشفته‌ای خواهد شد. اینجاست که آداب معاشرت به ما می‌آموزد چگونه خودمان را بجای دیگران بگذاریم و برای حقوق دیگران احترام قائل باشیم. کسی که با دیگران با احترام و ادب رفتار می‌کند به دنیا می‌گوید که همان‌قدر که خودش مهم است دیگران هم مهم و صاحب حق هستند و زندگی فقط چیزی که یک فرد برای خودش انجام می‌دهد نیست بلکه زندگی تعامل و روابط متقابل و انجام کارها با یکدیگر برای ساختن یک دنیای بهتر است.

چگونه دیگران را تحت تأثیر قرار دهیم:

همه ما این اصطلاح را شنیدیم که هیچ‌وقت دیگران را از روی ظاهرشان قضاوت نکنید. اما این یک واقعیت انکارناپذیر است که برخورد اول بسیار مهم است و نحوه صحبت کردن و حتی ظاهر هر کس روی قضاوت افراد بسیار تأثیرگذار است.

منظور از ظاهر چیزی فراتر از لباس و پوشش است منظور فیزیک بدن مثل نحوه ایستادن؛ راه رفتن؛ طریقه غذا خوردن و ... است.

اگر شما با اعتمادبه‌نفس رفتار کنید قطعاً روی دیگران تأثیر مثبتی خواهید گذاشت و هر چه بیشتر در این مورد تمرین کنید از درون هم به این اعتمادبه‌نفس خواهید رسید.

نکات زیر می‌تواند در برخورد با دیگران در این زمینه به شما کمک کند:

- **محکم بایستید**: زبان بدن چیزهای زیادی در مورد شما به دیگران می‌گوید. پس سعی کنید سرتان را بالا نگه دارید؛ شانه‌هایتان را عقب بگیرید و با صدایی رسا و محکم صحبت کنید. وقتی راه می‌روید با اطمینان قدم بردارید طوری که دیگران ببینند کسی هستید که می‌خواهید دنیا را کشف کنید.

- **ارتباط چشمی برقرار کنید**: وقتی با دیگران صحبت می‌کنید در چشم آن‌ها نگاه کنید؛ این شما را صادق و مهربان نشان می‌دهد و به دیگران می‌فهماند شما به آن‌ها و آنچه می‌گویند توجه دارید.

- **سلام کنید**: سلام کردن یعنی اینکه من شما را می‌شناسم یا اینکه از دیدنتان خوشحال هستم.

- **دست بدهید**: موقع سلام کردن بخصوص با یک بزرگسال دست راستتان را پیش ببرید و دست بدهید و نام او را بگویید مثلاً سلام خانم یا آقای ....

کلمات و رفتارهای جادویی

کلماتی که ما بکار می‌بریم و هم چنین رفتارمان معرف شخصیت ما هستند و با استفاده از آن‌ها خودمان را به دیگران معرفی می‌کنیم. اگر بخواهیم برخی از آدابی را که تقریباً در همه فرهنگ‌ها نشانه ادب و احترام به دیگران است را بشماریم می‌توانیم به موارد زیر اشاره کنیم:

- گفتن "لطفاً" وقتی که از کسی چیزی درخواست می‌کنیم.
- گفتن "متشکرم؛ سپاسگزارم؛ ممنونم و ...." وقتی چیزی را دریافت می‌کنید.
- نشان دادن احترام به دیگران بخصوص بزرگ‌ترها.
- استفاده نکردن از حرف‌های زشت و توهین‌آمیز.

- ✓ فرصت دادن به دیگران برای اینکه حرفشان را تمام کنند یا به عبارتی ندویدن در کلام کسی.
- ✓ اجازه گرفتن قبل از دست زدن یا برداشتن چیزی.
- ✓ برگرداندن و پس دادن وسایلی که از دیگران قرض می‌گیرید.
- ✓ احترام به حریم خصوصی دیگران.
- ✓ تمیز نگه‌داشتن وسایل و محیط‌هایی که از آن‌ها استفاده می‌کنید مثل اتاقتان؛ سرویس بهداشتی و مکان‌های عمومی.
- ✓ استفاده نکردن از تکنولوژی مثل موبایل در هنگام صرف غذا.
- ✓ استفاده از دستمال موقع صرف غذا.
- ✓ غذا خوردن با دهان بسته و صدا ندادن دهان هنگام جویدن غذا.
- ✓ عذرخواهی ضمن ترک میز غذا یا سفره.
- ✓ کشیدن غذا در بشقاب به‌اندازه‌ای که به غذا میل دارید.
- ✓ لبخندزدن و خوش‌آمدگویی هنگام ورود فردی به اتاق یا خانه.
- ✓ دست دادن و نگاه به چشمان هنگام سلام کردن.
- ✓ پذیرایی از مهمان‌هایتان.
- ✓ پیشنهاد گرفتن و آویزان کردن کت و مانتوی آن‌ها.
- ✓ ایستادن هنگام ورود بزرگ‌ترها.

نزدیکانتان را ببوسید و بغل کنید.

اگر در میان مهمان‌ها افرادی یکدیگر را نمی‌شناسند آنها را بهم معرفی کنید.

اگر می‌خواهید جایی بروید سرزده اینکار را نکنید، پیش از رفتن به منزل کسی به او اطلاع دهید و یا اینکه منتظر دعوت آنها باشید.

اگر برای دیدن به منزل کسی می‌روید مدت زمان مشخصی را معین کنید و بیش از آن زمان نمانید.

اگر درخانه کسی مهمان هستید سعی کنید کمک و همیاری کنید.

اگر در حال راه رفتن در کوچه و خیابان به کسی تنه می‌زنید حتماً عذر خواهی کنید.

در وسایل نقلیه عمومی مثل اتوبوس یا مترو پایتان را روی صندلی که کسی می‌نشیند نگذارید.

زباله و آشغال‌ها را در سطل زباله خیابان بریزید و منتظر نباشید کسی آنها را تمیز کند.

در وسایل نقلیه عمومی جایتان را به افراد مسن، زنان باردار یا بچه‌های کوچک بدهید.

در مکان‌های عمومی اگر با موبایل صحبت می‌کنید با صدای آهسته طوری که مزاحم دیگران نباشید، صحبت کنید.

قبل از وارد شدن به اتاق دیگران حتما در بزنید.

هنگام سرفه یا عطسه حتما جلوی دهانتان را بگیرید.

اگر با کسی قرار ملاقات دارید سرساعت مقرر در محل حاضر شوید. دیر رسیدن یعنی اینکه وقت من از شما ارزشمندتر است و من برای وقت شما ارزش قائل نیستم.

استفاده از تلفن همراه:

با پیشرفت تکنولوژی و همگانی شدن تلفن‌های همراه استفاده از آن‌ها نیز نیازمند رعایت نکاتی می‌باشد که به برخی از آن‌ها اشاره می‌کنیم:

- در مکان‌های عمومی با صدای آهسته صحبت کنید.
- از مطرح کردن مسائل شخصی در مکانی که ممکن است دیگران صدای شما را بشنوند اجتناب کنید.
- در صورتی که با کسی رو در رو مشغول صحبت کردن هستید اگر تلفنتان زنگ می‌زند جواب ندهید یا اینکه اگر می‌خواهید این کار را بکنید حتماً از فرد طرف صحبت اجازه بگیرید.
- در هنگام صحبت کردن با کسی از تکس زدن با تلفن یا چک کردن آن اجتناب کنید.
- در سینما؛ رستوران؛ کتابخانه ... زنگ تلفنتان را ببندید.

از مطرح کردن مسایل شخصی در مکانی که ممکن است دیگران صدای شما را بشنوند اجتناب کنید.

اینترنت

امروزه تصور دنیای بدون اینترنت بسیار مشکل است. گاهی فکر می‌کنیم چگونه می‌توان بدون کامپیوتر و تلفن‌های هوشمند و سایر وسایلی که از طریق اینترنت ما را به دنیا مرتبط می‌کنند؛ زندگی کرد. اینترنت به ما اجازه می‌دهد با دوستان و آشنایان هر زمان که می‌خواهیم در تماس باشیم عکس‌هایمان را با آن‌ها به اشتراک بگذاریم؛ تکالیف مدرسه یا دانشگاه را انجام دهیم؛ تحقیق کنیم و از آخرین اخبار دنیا مطلع شویم و حتی خریدهایمان را از این طریق انجام دهیم.

اما به همان نسبت که استفاده از دنیای مجازی و اینترنت مفید است گاهی می‌تواند ما را به دردسر بیندازد. پس مثل هر وسیله دیگری باید راه‌های استفاده درست از آن را بدانیم. در اینجا سعی می‌کنیم ابزارهایی را که شما برای استفاده و حفاظت خودتان در دنیای مجازی نیاز دارید با هم مرور کنیم.

اطلاعات شخصی

اطلاعاتی هستند که شما نباید هرگز روی اینترنت آن‌ها را به اشتراک بگذارید.

- **اسم؛ سن و تاریخ تولد:** بجای اسم واقعی از اسم مستعار استفاده کنید.
- **آدرس ایمیل و شماره تلفن:** اطلاعات تماس شما فقط باید با اعضاء خانواده و دوستان نزدیک به اشتراک گذاشته شود.
- **عکس:** هرگز عکس‌هایتان را با افراد غریبه به اشتراک نگذارید.
- **آدرس محل سکونت و اسم مدرسه:** هرگز نباید به اشتراک گذاشته شوند و هم‌چنین اطلاعاتی درباره افراد خانواده.

بسیاری موارد دیگر هستند که می‌توانید آن‌ها را با دیگران به اشتراک بگذارید بدون اینکه نیاز باشد اطلاعات خصوصی و شخصی خود و خانواده‌تان باشد.

هر چه زمان بیشتری را روی اینترنت و فضای مجازی بگذرانید به همان اندازه هم ممکن است با افرادی برخورد کنید که می‌خواهند با شما مرتبط شوند ولی درست به همان دلیلی که در دنیای واقعی هرگز با افراد غریبه وارد صحبت و ردوبدل کردن اطلاعات شخصی نمی‌شوید به همان دلیل هم نباید در دنیای مجازی این کار را بکنید. بنابراین:

- ✓ هرگز ایمیل‌ها؛ فایل‌ها و صفحاتی را که مربوط به افراد ناشناس هستند؛ باز نکنید.
- ✓ قبل از دانلود کردن هر فایل آن را با یک بزرگ‌سال چک کنید.
- ✓ هرگز به فردی که روی اینترنت درخواست ملاقات با شما را در بیرون از این فضا می‌دهد پاسخ ندهید و فوراً آن را با پدر و مادرتان در میان بگذارید.
- ✓ هرگز به یک غریبه نگویید کجا می‌روید و چه ساعتی آنجا خواهید بود.
- ✓ هرگز بدون حضور یک بزرگ‌سال وارد اتاق گفتگو (Chat Room) نشوید.
- ✓ هرگز بدون نظارت یک بزرگ‌سال چیزی را به‌صورت آنلاین خریداری نکنید.

یادداشت های دخترانه

امنیت

زمان‌هایی پیش می‌آید که در خانه تنها می‌مانید. گاهی این زمان‌ها ندرتاً پیش می‌آیند و گاهی هم ممکن است بیشتر اوقات باشند. در این زمان‌ها برای اتفاقاتی که ممکن است پیش بیاید تنها شما هستید که باید تصمیم بگیرید و به تنهایی عمل کنید بنابراین باید از قبل برای بروز دادن رفتاری صحیح آماده باشید.

در این فصل از کتاب می‌آموزید که چگونه وقتی در خانه تنها هستید علاوه بر اینکه سطح امنیت خود را بالا می‌برید؛ از گذراندن این ساعات نیز لذت ببرید.

قوانین خانه

طبیعتاً هر خانواده قوانین خودش را دارد و این قوانین از طرف افراد خانواده باید رعایت شوند به همین دلیل شما هم به‌عنوان فردی از اعضاء خانواده باید این قوانین را محترم بشمارید و بدانید در زمانی که در خانه تنها هستید چه کارهایی را می‌توانید و چه کارهایی را نمی‌توانید انجام دهید.

حالا گذشته از این قوانین اختصاصی بعضی از قوانین؛ قوانینی ابتدایی هستند که معمولاً در اکثر خانواده‌ها مشابه و مشترک هستند. اجازه دهید این قوانین را قوانین طلایی بنامیم و آن‌ها را یک به یک با هم مرور کنیم.

همیشه در را پشت سرتان قفل کنید:

باور کنید خیلی از اوقات ممکن است در را با کلید باز کنید و کلید را پشت در جا بگذارید. برای اینکه این اشتباه تکرار نشود همیشه به محض اینکه وارد خانه می‌شوید در را از داخل قفل کنید و جایی ثابت برای گذاشتن کلید در نظر بگیرید تا این کار تبدیل به یک عادت شود.

هرگز به کسی نگویید که در خانه تنها هستید:

اگر قانون خانه به شما اجازه می‌دهد که وقتی تنها هستید به تلفن جواب دهید به کسی که پشت خط است و می‌خواهد با پدر یا مادرتان صحبت کند هرگز نگویید که آن‌ها خانه نیستند؛ بلکه بگویید در حال حاضر مشغول کاری هستند و نمی‌توانند با شما صحبت کنند؛ پیغام آن‌ها را بگیرید و تلفن را قطع کنید و اگر هم اجازه ندارید به تلفن جواب دهید اجازه دهید که پیغام‌گیر این کار را انجام دهد.

در را بروی کسی باز نکنید:

اگر تنها هستید و زنگ در به صدا درمی‌آید در را بروی کسی باز نکنید مگر اینکه قبل از باز کردن در بتوانید ببینید چه کسی پشت در است و اگر آشنا است آیا شما اجازه دارید در را بروی او باز کنید.

به محض رسیدن به خانه به یکی از والدین اطلاع دهید:

وقتی کسی خانه نیست و شما به خانه می‌رسید با مادر یا پدرتان تماس بگیرید و حضورتان را در خانه به او اطلاع دهید و حتی اگر برنامه‌تان تغییر کرده و دیرتر به خانه می‌رسید باید آن‌ها را مطلع کنید که آن‌ها هر زمان بدانند شما کجا هستید.

موارد مشکوک را اطلاع دهید:

اگر مورد مشکوکی در اطراف خانه نظرتان را جلب می‌کند حتی اگر مورد مشکوک همسایه باشد آن مورد را حتماً به پدر یا مادرتان اطلاع دهید.

همیشه یک برنامه جایگزین داشته باشید:

بدون توجه به اینکه آمادگی شما در چه حد است گاهی اوقات مسائلی پیش می‌آید که شاید فکرش را نمی‌کردید مثلاً اینکه کلیدتان گم شود؛ اتوبوس را از دست بدهید و خیلی موارد دیگر؛ در این صورت باید بدانید چگونه عمل کنید و آمادگی لازم را داشته باشید.

همیشه قبل از اینکه از خانه خارج شوید باید مطمئن شوید که بجز وسایل مدرسه برای بازگشت به چه نیاز دارید.

لوازمی که باید در کوله‌پشتی یا کیف مدرسه داشته باشید:

همیشه قبل از اینکه از خانه خارج شوید باید مطمئن شوید که به‌جز وسایل مدرسه چه وسیله دیگری نیز برای بازگشت به خانه نیاز دارید. این وسایل عبارت‌اند از:

- ✓ کلید خانه.
- ✓ پول لازم برای سوارشدن به اتوبوس.
- ✓ شماره تلفن‌های مادر و پدر و شماره‌های ضروری مثل شماره پلیس.
- ✓ یک خوراکی کوچک مثل یک بسته کوچک بیسکویت و یا هر چیز دیگری که بتواند گرسنگی شما را تا رسیدن به خانه از بین ببرد زیرا با گرسنگی نمی‌توان فکر کرد و تصمیم گرفت.

نکاتی که باید در نگهداری از کلید خانه به آن توجه کنید:

- کلید خانه را دور از دید، در داخل زیپ داخلی کیفتان قرار دهید.
- مطمئن شوید وقتی وارد خانه شده‌اید کلید را از پشت در برداشتید و آن را در جای مناسب گذاشته‌اید و در را پشت سرتان قفل کرده‌اید.
- هرگز کلید را در بیرون خانه در جایی پنهان نکنید.
- هرگز کلید خانه را به کسی ندهید حتی اگر او دوستتان باشد.

مطمئن شوید وقتی وارد خانه شده‌اید کلید را از پشت در برداشتید و آن را در جای مناسب گذاشته اید و در را پشت سرتان قفل کرده اید.

در پایان امیدوارم این کتاب توانسته باشد به دانسته‌های شما افزوده و پنجره جدیدی را به افق آینده‌تان گشوده باشد. کتاب‌های مفید دایره افکار انسان را گسترش می‌دهند. پس تا می‌توانید کتاب بخوانید زیرا انسان‌هایی که کتاب می‌خوانند هر حرف و فکری را به‌سادگی قبول نمی‌کنند و همیشه بهترین راه‌حل‌ها را برای مشکلاتشان پیدا می‌کنند.

نویسنده: سهیلا الەوردیان

من **سهیلا الەوردیان** هستم، فارغ التحصیل رشته مامایی و مؤلف کتاب آموزشی **حرف‌های دخترانه** برای نوجوانان. هدفم از نگارش این کتاب کمک به دختران نوجوانان برای شناخت تغییرات بدنشان در دوران حساس بلوغ، آشنایی با آنچه که مهارت‌های زندگی نامیده می‌شود و چگونگی برخوردی هوشمندانه با دنیای امروز بوده است و در این کتاب سعی کرده‌ام نوجوانان را در مسیر رشد و توسعه شخصیشان یاری کنم.

در طول سال‌هایی که بعنوان ماما در شهری کوچک و همچنین در تهران کار می‌کردم از نزدیک با مشکلات زنان و دختران جوان روبرو بوده و با چالش‌های این دوران آشنا هستم و همواره معتقدم که آموزش در سنین نوجوانی بهترین شیوه مسلح شدن برای برخورد با چالشهای زندگیست، در کارنامه ام پیش از مهاجرت به کانادا علاوه بر اشتغال به حرفه مامایی در مرکز تحقیقات غدد, کمیته دخانیات و مجله تنفس مشغول به کار بودم و در حال حاضر مشاور امور مالی هستم.

طراح و نقاش: پرشان غفاری

من **پرشان غفاری** هستم تصویرگر کتاب حرف های دخترانه. زمان انتشار این کتاب در کانادا ۱۷ سال دارم و دانش‌آموز کلاس ۱۲ هستم. در کودکی نقاشی کردن یکی از سرگرمی‌های اصلی من بود به همین دلیل وقتی ۱۰ سال داشتم و مادرم پیشنهاد کشیدن نقاشی‌های کتابش را داد با اشتیاق فراوان پذیرفتم. امروز که پس از ۷ سال کتاب به زیر چاپ رفته است بر این باور هستم که وقتی تصاویر و رنگها به کمک مفاهیم آموزشی می‌آیند اثر بخشی و عمق یادگیری را بیشتر می کنند و هر داستان و درسی را می‌توان با جادوی رنگ‌ها و خلق شخصیت‌ها زنده کرد.

"پس، در کتاب حرف‌های دخترانه همراه من باشید و به همراه تصاویرم، دنیای جذاب آموزش را باز کنید و یاد بگیرید. اجازه دهید با هر خط و رنگ، آموزش را به یک سفر هیجان‌انگیز برای همگان تبدیل کنیم"!
اگر دوست داشته باشید در مورد من بیشتر بدانید باید بگویم که عاشق نواختن پیانو، اسکی و شنا هستم و علاوه بر زبان فارسی و انگلیسی به زبان فرانسه هم مسلط می‌باشم.